EVA SZEPESI

Ein Mädchen allein auf der Flucht

Bibliothek
der Erinnerung

Herausgegeben von Wolfgang Benz

Band 22

*Zentrum für Antisemitismusforschung
der Technischen Universität Berlin*

Eva Szepesi

Ein Mädchen allein auf der Flucht

Ungarn – Slowakei – Polen (1944–1945)

Unter Mitarbeit und eingeleitet von
Babette Quinkert

M | METROPOL

Fotos: Privatbesitz Eva Szepesi

ISBN: 978-3-86331-005-9
7. Auflage, Februar 2025

Ansbacher Straße 70 · D–10777 Berlin
www.metropol-verlag.de

Druck: AALEXX Druck Produktion, Großburgwedel

Inhalt

Für meine Töchter Judith und Anita,
meine Enkelkinder Sharon, Samuel, Celina und Leroy sowie
für meinen Urenkel Léo, geboren am 6. Juni 2013, und
meine Urenkelin Naomi, geboren am 27. April 2016 und
meinen Urenkel Doron, geboren am 23. August 2017

Einleitung

Am 27. Januar 1945 befreien Soldaten der Roten Armee das Vernichtungslager Auschwitz. Unter den von den Deutschen zurückgelassenen Häftlingen finden sie ein bewusstloses 12-jähriges Kind: Eva Diamant. Sie ist eines von etwa 400 Kindern unter 15 Jahren, die sich noch in Auschwitz befinden. Das schwerkranke Mädchen, das in der Nähe der ungarischen Hauptstadt Budapest in einer jüdischen Familie aufgewachsen ist, wird gerettet. Als Eva Diamant nach ihrer Genesung im Spätsommer 1945 nach Ungarn zurückkehrt, sucht sie vergeblich nach ihrer Familie – die meisten ihrer Verwandten sind ermordet worden.

Am 19. März 1944 besetzten deutsche Truppen das verbündete Ungarn, in dem mehr als 700 000 Jüdinnen und Juden lebten. In weiten Teilen Europas waren die meisten jüdischen Gemeinden zu diesem Zeitpunkt bereits vernichtet: Bis zum Herbst 1943 hatten die Deutschen, mit mehr oder minder aktiver einheimischer Unterstützung, in vielen der von ihnen besetzten oder mit ihnen verbündeten Ländern den größten Teil der jeweiligen jüdischen Bevölkerungen systematisch ermordet. Ungarn hatte sich bisher jedoch geweigert, den Massenmord mitzutragen. Dies änderte sich nun grundlegend, wobei der Prozess der Entrechtung, Isolierung, Ghettoisierung und schließlich Ermordung der jüdischen Bevölkerung in Ungarn in einem unvergleichlichen Tempo verlief. In nur acht Wochen – zwischen Mitte Mai und Juli 1944 – wurden etwa 430 000 jüdische Männer, Frauen und Kinder nach Auschwitz-Birkenau deportiert. Die meisten von ihnen wurden unmittelbar nach ihrer Ankunft in den Gaskammern ermordet. Ein Viertel, etwa 100 000 Deportierte, setzten die Deutschen als Zwangsarbeiter ein.

Das Schicksal von Eva Diamant und ihrer Familie ist wie ein Kaleidoskop der Verfolgung und Ermordung der ungarischen und slowakischen Juden. Ihre Mutter war in einem kleinen slowakischen Ort geboren worden, der nach dem Ersten Weltkrieg und der Aufteilung Österreich-Ungarns zum Territorium der Tschechoslowakei gehörte. Ihr Vater stammte aus Ungarn. 1932 geboren, wuchs Eva zusammen mit ihrem dreieinhalb Jahre jüngeren Bruder in einem Vorort von Budapest auf. Der Vater führte ein angesehenes Geschäft für Herrenausstattung, die Familie war gut situiert und wohlgelitten. Erste Anzeichen für antisemitische Anfeindungen nahm das Kind erst Anfang der vierziger Jahre wahr. Tatsächlich war die Situation der jüdischen Ungarn bereits zu dieser Zeit nicht einfach. Nach der Niederschlagung der ungarischen Räterepublik 1919 war es in dem Land zu Pogromen gekommen. Unter den etwa 5000 Todesopfern, die die Konterrevolution forderte, waren schätzungsweise 3000 Juden. 1920 wurde Miklós Horthy als sogenannter Reichsverweser an der Spitze des ständisch-reaktionär regierten Staates eingesetzt. Im selben Jahr führte Ungarn als erstes europäisches Land an den Hochschulen einen gegen jüdische Studienbewerber gerichteten Numerus Clausus ein. Ab den dreißiger Jahren bildete der Antisemitismus einen zentralen Bestandteil ungarischer Regierungspolitik: 1938, 1939 und 1941 wurden jeweils antijüdische Gesetze verabschiedet, die zunächst unter anderem die freie Berufswahl der jüdischen Bürger einschränkten – eine Maßnahme, von der auch Eva Diamants späterer Ehemann betroffen war, der keine Druckerausbildung machen konnte. Mit dem sogenannten dritten Judengesetz wurde 1941 auch die Ehe zwischen Nichtjuden und Juden verboten, wobei die rassistische Definition, wer als »Jude« anzusehen sei, sogar noch über die 1935 in NS-Deutschland verabschiedeten Nürnberger Gesetze hinausging.

Ungarn hatte sich nach der Machtübernahme Adolf Hitlers 1933 nach Deutschland ausgerichtet. Zum einen bot Deutschland einen Absatzmarkt für ungarische Agrarprodukte. Zum anderen unterstützte Deutschland die ungarischen Bemühungen, die nach dem Ersten Weltkrieg »verlorenen« Gebiete wiederzuerlangen – mit dem Vertrag von Trianon hatte Ungarn zwei Drittel seines Territoriums und fast 60 Prozent seiner Bevölkerung an die neu gebildeten Staaten Tschechoslowakei und Jugoslawien sowie an Rumänien und Österreich abtreten müssen. Mit deutscher Unterstützung gelang es Ungarn seit Ende der dreißiger Jahre schrittweise, sein Territorium wieder zu vergrößern und sich frühere Gebiete einzuverleiben: die Südslowakei (November

1938), die Karpato-Ukraine (März 1939) und die Ostslowakei (April 1939) sowie Nord-Transsilvanien (August 1940) und nordjugoslawische Gebiete (April 1941). Im Gegenzug machte Ungarn Deutschland wirtschaftliche und politische Zugeständnisse. Im Oktober 1940 trat das Land dem kurze Zeit zuvor geschlossenen Dreimächtepakt zwischen Deutschland, Italien und Japan bei. Ungarische Truppen beteiligten sich 1941 am deutschen Krieg gegen Jugoslawien sowie am Angriff auf die Sowjetunion, wo 1942 auch ein großer Teil der ungarischen Armee eingesetzt war.

Trotz dieser Zusammenarbeit war die Situation der jüdischen Bevölkerung in den beiden Staaten sehr unterschiedlich, denn die praktischen Auswirkungen der antijüdischen Gesetzgebung in Ungarn blieben, auch aufgrund zahlreicher Ausnahmebestimmungen, deutlich begrenzter als in Deutschland. Gleichwohl litten die in Ungarn lebenden Juden unter den Diskriminierungen. So stellte zum Beispiel der 1939 eingeführte Arbeitsdienst (Munkaszolgálat) unter dem Kommando der Honvéd, der ungarischen Armee, die für ihren radikalen und aggressiven Antisemitismus berüchtigt war, für die jüdischen Männer eine besondere Bedrohung dar. Der Arbeitsdienst zielte ursprünglich darauf, Angehörige der nationalen Minderheiten, deren Zuverlässigkeit man mit Misstrauen betrachtete, als nicht bewaffnete Bausoldaten einzusetzen. 1940 wurde der Arbeitsdienst auf Männer ausgeweitet, die das Rekrutenalter längst überschritten hatten, und nach dem Überfall auf die Sowjetunion 1941 mussten die Arbeitsdienstler ihre Uniformen ablegen, womit sie nach außen hin nicht mehr als Soldaten kenntlich waren. Juden wurden zudem gezwungen, besondere Armbinden zu tragen, und gerade sie litten besonders unter der ungenügenden Verpflegung, mangelnden Bekleidung und der extrem grausamen, teilweise sadistischen Behandlung durch ungarische Offiziere und Soldaten. 1942 arbeiteten bereits 100 000 Männer in diesen Einheiten, mehr als die Hälfte in den von ungarischen Truppen besetzten Gebieten der Sowjetunion. Heutige Schätzungen gehen davon aus, dass etwa 15 000 jüdische Bausoldaten starben und 10 000 weitere in sowjetische Kriegsgefangenschaft gerieten. Dieses Schicksal teilten auch Eva Diamants Vater sowie ihr späterer Ehemann: Ihr Vater, Károly Diamant, der Anfang 1942 zum Arbeitsdienst in der Honvéd einberufen wurde, starb vermutlich in den besetzten sowjetischen Gebieten – das Rote Kreuz teilte der Familie Anfang 1943 mit, dass er dort verschollen sei; Evas Mann Andor Szepesi musste Anfang Oktober 1943 seinen Dienst antreten, geriet in sowjetische Kriegsgefangenschaft und überlebte so den Krieg. Die Erinnerungen, die er kurz vor seinem Tod über diese Zeit niederschrieb und die die Autorin in diesem Buch auswertete, sind ein eindrückliches Zeugnis des Schicksals jüdischer Ungarn im Arbeitsdienst.

Auch vor dem deutschen Einmarsch gab es in Ungarn vereinzelte Fälle von Deportation und Massenmord. So wurden nach dem Angriff auf die Sowjetunion im Juli/August 1941 vor allem in der Karpato-Ukraine (seit März 1939 ungarisches Territorium) 18 000 »fremde«, also ursprünglich nicht aus Ungarn stammende Juden festgenommen und in den Teil Ostgaliziens deportiert, den die Honvéd interimistisch besetzt hatte. Die neu gebildeten deutschen Behörden lehnten den Verbleib der Vertriebenen jedoch ab und schoben den größten Teil von ihnen in das ukrainische Kamenez-Podolsk ab. Dort wurden die meisten am 27. und 28. August 1941 zusammen mit einheimischen galizischen Juden von deutschen SS- und Polizeieinheiten, ukrainischem »Selbstschutz« und einer ungarischen Pioniereinheit ermordet. Diese bis dahin mit Abstand größte deutsche Massenerschießung kostete, nach Angaben des verantwortlichen Höheren SS- und Polizeiführers Friedrich Jeckeln, 23 600 Menschen das Leben. Die Zahl der aus Ungarn deportierten Opfer wird auf 14 000 bis 16 000 geschätzt.

Im Januar 1942 verübten Angehörige der Honvéd und der ungarischen Polizeikräfte in der Batschka, dem von Ungarn annektierten serbischen Gebiet, im Rahmen von Razzien gegen Partisanen Massaker an Zivilisten. In wenigen Tagen wurden rund um das Dorf Zsably etwa 1000 Menschen systematisch ermordet, darunter circa 100 Juden. Danach wurde die Aktion auf die Bezirkshauptstadt Novi Sad (Újvidék, Neusatz) und einige weitere kleinere Orte ausgeweitet: Allein in Novi

Sad starben zwischen dem 21. und 23. Januar 1942 550 Juden, 292 Serben, 13 Exilrussen und 11 Ungarn. Trotz der geschilderten rechtlichen Diskriminierungen, Abschiebungen und Morde – das Massaker in der Batschka hatte zumindest ein, wenn auch zähes, juristisches Nachspiel – lebten die Juden in Ungarn bis Anfang 1944 einigermaßen sicher.

Im Nachbarland Slowakei, wo Eva Diamants Verwandte mütterlicherseits lebten, stellte sich die Situation anders dar. Die Slowakische Republik war seit März 1939 ein selbstständiger Staat, der einen »Schutzvertrag« mit dem Deutschen Reich eingegangen war. Zwischen März und Oktober 1942 wurden über drei Viertel der jüdischen Bevölkerung – etwa 58 000 Menschen – nach Auschwitz, Majdanek und Lublin deportiert und ermordet. Etwa 18 000 Juden überlebten diese erste Deportationswelle; sie waren vorerst durch verschiedene Formen von Schutzbriefen von dem Abtransport ausgenommen oder befanden sich in Konzentrations- oder Arbeitslagern (etwa 2000). Schätzungen gehen davon aus, dass ungefähr 10 000 slowakischen Jüdinnen und Juden bis März 1944 die Flucht über die Grenze nach Ungarn gelang; unter ihnen waren auch zwei Familienangehörige von Evas Mutter, die nach Budapest flohen. Der Rest der Familie wurde bis auf wenige Ausnahmen verschleppt und ermordet.

In Ungarn begann im Laufe des Jahres 1943 ein langsamer Prozess, sich aus der Allianz mit Deutschland zu lösen. Nach der Niederlage der Achsenmächte bei Stalingrad und den Kämpfen bei Woronesh am 13. Januar 1943, bei denen die Rote Armee die ungarischen Linien durchbrach und Ungarn 150 000 von 200 000 Soldaten verlor, nahm die ungarische Regierung unter Premierminister Miklós Kállay im Frühjahr 1943 erste geheime Sondierungsgespräche mit den Westalliierten über einen Kriegsaustritt Ungarns auf. Auf deutscher Seite war man über diese Bemühungen informiert. Doch solange Ungarn seine wirtschaftlichen Verpflichtungen erfüllte und alliierte Truppen noch nicht in die Nähe des ungarischen Territoriums vorgedrungen waren, sah Hitler noch keinen Handlungsbedarf. Als sich allerdings Anfang 1944 die militärische Lage zuspitzte und sich die Anzeichen für ein Ausscheren Ungarns aus dem Bündnis verdichteten, gab Hitler im März 1944 den Befehl zur »Operation Margarethe«. Die deutsche Kriegswirtschaft konnte weder auf die ungarischen Rohstoffe noch auf die Nahrungsmittellieferungen verzichten; zudem war man auf deutscher Seite abhängig von der Ausbeutung ungarischer Arbeitskräfte.

Am 18. März 1944 informierte Hitler Miklós Horthy; am folgenden Tag marschierten deutsche Truppen in Ungarn ein. Drei Tage später wurde eine prodeutsche Regierung unter Döme Sztójay eingesetzt. Horthy blieb Reichsverweser. Als Hitlers Bevollmächtigter für Ungarn fungierte Edmund Veesenmayer. Dieser gewährte den ungarischen Behörden weiterhin eine gewisse Handlungsfreiheit – nicht zuletzt, um deutsches Personal zu sparen. Zu den Besatzungstruppen gehörte aber auch ein von Adolf Eichmann geleitetes Sonderkommando, das die ungarische Regierung bei antijüdischen Maßnahmen beriet und tatkräftig unterstützte. Bereits wenige Tage nach dem deutschen Einmarsch begann in ungarisch-deutscher Kooperation die systematische Verfolgung, Entrechtung und schließlich Ermordung der jüdischen Bevölkerung.

Die Verhaftungswelle, die unmittelbar nach dem deutschen Einmarsch über die politischen Gegner hereinbrach, traf auch viele Juden. Allein bis Mitte April wurden über 7000 jüdische Ungarn von der deutschen Sicherheitspolizei, hauptsächlich jedoch von der neu eingerichteten ungarischen Sicherheitspolizei verhaftet. Die ungarische Regierung erließ unverzüglich verschiedene antijüdische Verordnungen, die zur Isolierung, Kennzeichnung, Plünderung, Ghettoisierung und Konzentration der jüdischen Bürger führten: Ihnen wurden Reisebeschränkungen auferlegt; der Besitz von Telefonen und Rundfunkgeräten wurde untersagt; sie wurden von bestimmten Lebensmittelzuteilungen ausgeschlossen; ab dem 5. April unterlagen alle Juden der Kennzeichnungspflicht mit dem gelben Stern; Berufsverbote ergingen; Geschäfte und Betriebe, die sich in jüdischem Besitz befanden, wurden geschlossen; es wurde angekündigt, dass jüdisches Eigentum zugunsten nichtjüdischer Ungarn konfisziert werden sollte.

Die innerhalb kürzester Zeit einsetzenden umfassenden Verfolgungsmaßnahmen waren für die damals elfjährige Autorin dieses Buches kaum zu verarbeiten. Sie nahm vor allem die hektische Betriebsamkeit ihrer Mutter – der Vater war ja bereits seit Anfang 1943 verschollen – und ihrer zuvor aus der Slowakei zu ihnen geflohenen Tante wahr. Angesichts der Bedrohung beschloss Evas Mutter, dass ihre Tochter mit ihrer Tante in die Slowakei fliehen sollte – ein verzweifelter Rettungsversuch, denn bereits im April begann in den ländlichen Gebieten Ungarns die zwangsweise Umsiedlung der jüdischen Bevölkerung in Ghettos oder Sammellager. Ungarische Gendarmerie und Polizei sammelten die Menschen zunächst in den örtlichen Synagogen oder Gemeindezentren und brachten sie dann in größere Städte, wo sie oftmals auf brachliegenden Ziegelei- oder Fabrikgeländen zusammengepfercht und kaum versorgt wurden. Dort herrschten furchtbare Bedingungen. Es mangelte an Nahrungsmitteln und sanitären Einrichtungen. Misshandlungen waren an der Tagesordnung; Polizei- und Gendarmerieangehörige folterten in brutalster Weise all jene, die sie als wohlhabend einschätzten und von denen sie »versteckte Reichtümer« erpressen wollten. Diese Ghettos und Lager existierten allerdings nur wenige Tage oder Wochen, denn schon Ende April begannen die Deportationen nach Polen.

Bis Juli 1944 verließen etwa 150 Eisenbahnzüge das Land. Die ersten zwei Transporte wurden am 29./30. April mit etwa 3800 Juden aus den Internierungslagern Kistarcsa und Topolya zusammengestellt. Am 14. Mai setzten die Massentransporte ein; bis zum 6. Juli verschleppten ungarische Gendarmerie und deutsche SS etwa 412 000 Menschen zunächst aus der Karpato-Ukraine, Nord-Transsilvanien und der Südslowakei, danach folgten Nordungarn, der Südosten und zuletzt der Südwesten des Landes. Zu diesem Zeitpunkt war der internationale Druck auf die ungarische Regierung jedoch derart angewachsen, dass Miklós Horthy am 6. Juli den Stopp der Deportationen anordnete. Dennoch wurden vom 6. bis zum 8. Juli weitere 24 000 Juden aus den Budapester Vorstädten zusammengetrieben und deportiert. Insgesamt wurden in nur wenigen Wochen über 430 000 ungarische Jüdinnen und Juden nach Auschwitz-Birkenau verschleppt.

Dort »selektierten« SS-Ärzte die Ankommenden noch an der »Rampe«: Sie trennten die augenscheinlich Arbeitsfähigen von denen, denen sie keine schweren Arbeiten zutrauten. Für die Letzteren bedeutete dies das Todesurteil: 320 000 Menschen, vor allem Frauen, Kinder und ältere Menschen, wurden sofort nach ihrer Ankunft in den Gaskammern von Birkenau ermordet. Etwa 100 000 Frauen und Männer schätzten die Deutschen als »arbeitsfähig« ein und verteilten sie auf verschiedene Konzentrations- und Zwangsarbeitslager.

Das Bild der Züge, die in Auschwitz-Birkenau durch das große Tor fahren und an der Rampe halten, ist eines der, wenn nicht das zentrale Bild für die Ermordung der europäischen Juden. Dabei existierte diese Rampe nur wenige Monate. Bis zum Frühjahr 1944 hielten die Züge mit den Deportierten an einer Rampe, die sich etwa einen Kilometer südöstlich des Lagertores von Birkenau befand – so auch die ersten Transporte aus Ungarn. Doch angesichts der erwarteten Hunderttausenden von ungarischen Juden forcierte die Lagerverwaltung zu diesem Zeitpunkt bereits den Ausbau der Gleisverbindung zwischen dem KZ-Hauptlager Auschwitz und den Gaskammern in Birkenau. Mitte Mai 1944 war die »neue« Rampe in Birkenau fertiggestellt. Auf ihr trafen die meisten ungarischen Jüdinnen und Juden ein, so auch ein großer Teil von Evas Verwandten. Auch ihrer Mutter und ihrem achtjährigen Bruder gelang es nicht mehr, in die Slowakei zu fliehen. Sie wurden vermutlich mit den letzten Transporten aus den Budapester Vorstädten verschleppt und in Birkenau ermordet.

Das Schicksal der ungarischen Jüdinnen, die mit ihren Kindern in Auschwitz-Birkenau eintrafen, ist besonders bedrückend. Da die Deutschen Arbeitskräfte aussonderten, hatten viele Frauen grundsätzlich eine Überlebenschance – sofern sie unter 40 Jahre alt waren und sich dazu durchringen konnten, sich von ihren unter 13 Jahre alten Kindern zu trennen. Es ist zwar davon auszugehen, dass die meisten Deportierten aus Ungarn nichts von den Gaskammern wussten.

Dennoch bedeutete eine Trennung von den Kindern, diese einem ungewissen Schicksal in deutscher Hand zu überlassen. Die jüdischen Funktionshäftlinge, die auf der Rampe eingesetzt waren, versuchten vielfach, die arbeitsfähigen Menschen zu retten, indem sie sie zum Beispiel dazu drängten, ihre Kinder den Großeltern zu überlassen, die ebenfalls keinerlei Überlebenschance hatten. Es kam auch häufig vor, dass Kinder ihren Müttern einfach entrissen wurden. Viele ungarische Jüdinnen weigerten sich jedoch, sich von ihren Kindern zu trennen – sie starben mit ihnen in den Gaskammern.

Nachdem der vorläufig letzte Transport Ungarn im Juli 1944 verlassen hatte, verblieben dort nur noch etwa 200 000 Jüdinnen und Juden – vor allem in Budapest und in den Einheiten des Arbeitsdienstes. Im Rest des Landes waren die jüdischen Gemeinden ausgelöscht worden. Die meisten Budapester Juden mussten ab Mitte Juni in spezielle Häuser umziehen, die mit einem gelben Stern gekennzeichnet wurden.

Zu diesem Zeitpunkt befand sich Eva Diamant in der Slowakei, wo sie von verschiedenen Familien aufgenommen wurde. Doch die Situation des geflohenen Kindes spitzte sich im Spätsommer 1944 wieder zu: Am 29. August 1944 marschierten deutsche Truppen mit dem Einverständnis der slowakischen Regierung in das Land ein und schlugen einen Aufstandsversuch nationaler Kreise nieder. Die antijüdischen Maßnahmen wurden unverzüglich wieder verschärft und gipfelten in der Deportation der meisten noch verbliebenen slowakischen Juden: Zwischen dem 30. September 1944 und März 1945 wurden mit 11 Transporten rund 8000 Menschen nach Auschwitz-Birkenau, etwa 2700 nach Sachsenhausen und rund 1600 nach Theresienstadt verschleppt. Eva Diamant wurde verhaftet, zunächst in ein jüdisches Altersheim gesperrt und später über das Sammellager Sered' nach Auschwitz verschleppt. Am 3. November 1944 traf sie in Birkenau ein. Ihr Transport wurde nicht »selektiert«, die Ankommenden wurden als Häftlinge registriert und in das Lager eingewiesen. Dass die Zwölfjährige die nachträgliche »Selektion« am nächsten Tag überlebte, verdankt sie der Geistesgegenwart eines weiblichen Funktionshäftlings; dass sie die nächsten drei harten Wintermonate in Birkenau überstand, der Zuwendung und Unterstützung einer Mitgefangenen.

Einige ungarische Verwandte von Eva Diamant waren nicht deportiert worden, weil sie in Budapest lebten. Doch auch ihre Lage wurde im Lauf des Jahres immer bedrohlicher. Im Spätsommer 1944 verschlechterte sich die Kriegslage weiter zuungunsten Deutschlands. Nach einem gescheiterten Versuch Miklós Horthys, Ungarn aus dem Krieg herauszuführen, wurde er am 15. Oktober zur Abdankung gezwungen. Mit deutscher Hilfe übernahm Ferenc Szálasi, der Führer der faschistischen Pfeilkreuzlerpartei, die Regierung. Damit verschlechterte sich die Lage der Budapester Juden, die im November in zwei Ghettos in Pest – das »Große« und das »Internationale« – umziehen mussten, noch einmal dramatisch. Todeskommandos der Pfeilkreuzler streiften durch die Straßen, überfielen, verschleppten und ermordeten mindestens 6200 Juden auf brutalste Weise. Viele wurden an den Ufern der Donau erschossen, sodass ihre Leichen in den Fluss fielen. Ab dem 20. Oktober drohte zudem erneut die Deportation zur Zwangsarbeit: Rund 76 000 Menschen wurden zwischen Oktober und Dezember zumeist in mörderischen Fußmärschen in Richtung Deutsches Reich bzw. Österreich getrieben. Dieses Schicksal erlitten auch eine Tante und ein Onkel Evas. Sie überlebten nur, weil der schwedische Diplomat Raoul Wallenberg ihnen das Leben rettete.

Raoul Wallenberg entstammte einer reichen Familie. Nachdem er mit Entsetzen die Nachrichten über die Deportationen in Ungarn verfolgt hatte, gelang es ihm am 9. Juli 1944 mit Unterstützung des US-War Refugee Board, als erster Sekretär der schwedischen Gesandtschaft nach Budapest zu reisen, um dort mit Unterstützung der schwedischen Regierung Maßnahmen zur Rettung der noch im Land verbliebenen Juden zu ergreifen. Unter dem Schutz seines diplomatischen Status verteilte Wallenberg Tausende schwedischer Schutzpässe, die zwar keine völkerrechtlich verbindliche Bedeutung hatten, in der Regel jedoch, manchmal auch mithilfe von zusätzlichen Bestechungsgeldern, von den ungarischen und deutschen Behörden anerkannt wurden. Wallenberg organisierte zusammen mit anderen Diplomaten über 30 Schutzhäuser, die einen Teil des sogenannten Internationalen Ghettos bildeten. Hier befanden sich etwa 30 000 Menschen, deren Versorgung einigermaßen gesichert werden konnte. Als ab Oktober 1944 Budapester Jüdinnen und Juden massenhaft in Richtung Westgrenze getrieben wurden, verteilte Wallenberg Essen und fragte nach Inhabern schwedischer Schutzpässe. Sein entschlossenes Auftreten rettete sogar Menschen das Leben, die noch gar keine Schutzpässe besaßen, sondern diese erst nachträglich ausgestellt bekamen. Etwa 200 Menschen, unter ihnen auch Eva Diamants Verwandte, konnten auf den von Wallenberg organisierten Lastwagen nach Budapest zurückkehren.

In den letzten Kriegswochen starben in Budapest selbst noch etwa 20 000 Juden durch die Schreckensherrschaft der Pfeilkreuzler, Hunger, Krankheiten und militärische Kampfhandlungen. Am 16./17. Januar 1945 wurde Pest von der Roten Armee befreit, einen Monat später Buda.

Etwa zur gleichen Zeit rückte die Rote Armee auch in Oberschlesien vor und damit in Richtung Auschwitz. Mitte Januar »evakuierten« die Deutschen in großer Hast den Lagerkomplex Auschwitz. Über 50 000 Häftlinge wurden auf Todesmärsche getrieben, von denen zwischen 9000 und 15 000 starben. Die schwer erkrankte Eva Diamant gehörte zu den etwa 5800 Häftlingen, die in Birkenau zurückgelassen und ihrem Schicksal überantwortet wurden. Sie wurde von der Roten Armee gerettet.

Am 4. April 1945 war Ungarn befreit. Innerhalb des Landes (inklusive der seit 1938 annektierten Gebiete) konnten annähernd 134 000 Juden, davon 119 000 in Budapest und 15 000 im Arbeitsdienst der Honvéd oder in Verstecken in der Provinz überleben. 320 000 jüdische Männer, Frauen und Kinder waren in Auschwitz-Birkenau im Gas ermordet worden. Etwa 220 000 Menschen hatten die Deutschen zur Zwangsarbeit verschleppt. 74 000, also etwa 37 Prozent dieser Menschen waren ermordet worden oder aufgrund der unmenschlichen Behandlung gestorben. Nach dem Krieg kehrten 121 500 nach Deutschland deportierte Zwangsarbeiterinnen und Zwangsarbeiter nach Ungarn zurück, 5000 emigrierten direkt in andere Länder. Insgesamt überlebten rund 260 000 ungarische Juden. Für die Slowakei gehen die Schätzungen von etwa 60 000 bis 80 000 jüdischen Opfern aus und von rund 20 000 Überlebenden.

Eva Diamant kehrte nach ihrer Genesung im September 1945 nach Budapest zurück. Sie fand jedoch weder ihren Vater noch ihre Mutter oder ihren Bruder wieder. Die Schwester ihres Vaters, die in Auschwitz ihren Mann und ihre zwei Töchter verloren und das Konzentrationslager Ravensbrück überlebt hatte, nahm sie als Tochter an. Beide lebten nach dem Krieg mit zwei weiteren Verwandten in Budapest zusammen.

Trotz ihrer grauenhaften Erlebnisse gelang es der Dreizehnjährigen nach dem Krieg, wieder Fuß zu fassen. Die Jugendliche versuchte die Verluste, die Verletzungen und Beschädigungen zu verdrängen, sich dem zukünftigen Leben zu stellen – so wie es viele Überlebende des Holocaust getan haben. Und sie schwieg, fünfzig Jahre lang.

Eva Diamants Leben nach dem Krieg, über das sie in diesem Buch ebenfalls ausführlich berichtet, war ein Kampf um Normalität. In gewisser Weise gelang ihr dieser auch: Sie ging nicht zugrunde, schloss in Budapest ihre Schule ab, begann eine Ausbildung, verliebte sich, heiratete, bekam Kinder, hatte beruflich Erfolg – kurz: sie führte ein »normales« Leben. Doch dieses Leben war nur scheinbar normal: Ihre Flucht- und Verfolgungsgeschichte begleitete sie ihr Leben lang. Immer wieder wurde sie mit ihrer Vergangenheit konfrontiert, nicht erst, als es ihren Ehemann Mitte der fünfziger Jahre als Außenhandelsvertreter nach Frankfurt am Main verschlug und sie plötzlich damit konfrontiert war, in Deutschland zu leben.

Und ihre traumatischen Erlebnisse prägten nicht nur sie, sondern auch ihr Familienleben, ihre Kinder und Enkelkinder. Die Verdrängung, die sich Eva Diamant selbst nach dem Krieg auferlegt und so sehr herbeigewünscht hatte, gelang nicht. Spätestens als die Kinder erwachsen waren und der berufliche Alltag nicht mehr so immens viel Raum einnahm, kamen die Erinnerungen. Mitte der neunziger Jahre genügte ein kleiner Anstoß, um das selbst verordnete Schweigen zu brechen.

Dabei war das Schweigen nie ein absolutes. Ihr Ehemann, ihre Kinder und auch die Verwandten wussten von ihrem Schicksal. Es war klar, dass sie ihre Eltern und ihren Bruder im Krieg verloren hatte. Auch die tätowierte Nummer auf dem Arm war ein sichtbarer Hinweis darauf, dass sie Häftling in Auschwitz gewesen war. Aber von diesem Wissen zu dem Wissen, was Eva Szepesi, geb. Diamant, als Kind konkret durchlebt hatte, lagen Welten. Es war ein kompliziertes Geflecht aus der Weigerung, sich zu erinnern und zu sprechen, und der unausgesprochen deutlich gemachten Ablehnung von Nachfragen. Denn etwas hatte die Autorin als Kind gelernt: zu schweigen. Während ihrer Flucht, ihrer Verhaftung und ihres Lageraufenthalts fand sie vielfach lebenswichtige Unterstützung – aber nie Zuhörer. Das sollte sie ein Leben lang prägen.

Als Eva Szepesi fünfzig Jahre nach dem Kriegsende und nach dem Tod ihres Mannes endlich sprach, war das keineswegs nur eine Erleichterung. Es begann ein mühevoller Prozess der Erinnerung, der auch immer wieder neue Qualen bedeutete. Und es sollte weitere Jahre dauern, bis sie begann, ihre Erinnerungen niederzuschreiben. Als die Autorin an diesem Manuskript arbeitete, lagen ihre Erfahrungen in Auschwitz fast sechzig Jahre zurück. Dennoch genügte ein verschneiter Februarmorgen, um den jahrelang mühsam aufrechterhaltenen Schutz zu zerstören: Der Anblick von Schneeflocken vor ihrem Fenster löste in ihr keine romantischen Gefühle aus, sondern brachte erstmals Bilder von den durchlebten Appellen in Auschwitz in ihr Bewusstsein zurück. Die Folge waren plötzliche unerträgliche Schmerzen in den Händen und Füßen. Erst mithilfe einer Therapie gelang es ihr, die Schmerzen so weit in den Griff zu bekommen, dass sie weiterschreiben konnte.

Erinnerung und Zeugenschaft sind keine leichte Aufgabe, insbesondere, wenn Bedrohung und Verfolgung als Kind erlebt wurden. Die Erinnerungen der Autorin sind lückenhaft, teilweise nur schwer zu rekonstruieren und manchmal völlig verloren. Umso größer war die Herausforderung, der sie sich gestellt hat.

Als Eva Szepesi mich im Oktober 2009 ansprach und um Hilfe bat, lag der Grundstock ihrer hier veröffentlichten Erinnerungen bereits vor. Ich habe das Manuskript noch einmal behutsam überarbeitet, auf der Grundlage von langen Gesprächen ergänzt und schließlich für den Druck fertiggestellt. Ich danke ihr sehr für ihr großes Vertrauen.

Babette Quinkert, Dezember 2010

Ein Anruf, der alles veränderte

Das Telefon klingelte. Es war Mitte Dezember 1994. Ich kochte mir gerade einen Tee in meiner Wohnung in Frankfurt am Main. Als ich den Hörer abhob, ahnte ich nicht, dass dieser Anruf mein zukünftiges Leben noch einmal gründlich durcheinanderwirbeln würde. Susi, die Tochter meiner langjährigen Freundin Lilli Pintér, war am Apparat. Sie rief aus Berlin an, wo sie für das Erinnerungsprojekt des amerikanischen Regisseurs Steven Spielberg arbeitete. Susi erklärte mir, dass die Shoah Foundation es sich zur Aufgabe gemacht habe, auf der ganzen Welt Überlebende des Holocaust zu suchen und mit ihnen Interviews aufzunehmen, um ein großes Archiv mit Filmaufnahmen für die Nachwelt zu schaffen. Susi fragte mich, ob ich nicht zu einem Interview bereit sei. Am kommenden Wochenende würde eine Kollegin von ihr nach Frankfurt reisen und andere Überlebende treffen, sie könne auch bei mir vorbeikommen.

Mir verschlug es zunächst die Sprache. Wieso ausgerechnet ich? Ich hatte mich noch nie wirklich mit meiner Vergangenheit auseinandergesetzt. Stattdessen hatte ich mit aller Kraft versucht, das Erlebte so weit wie möglich zu verdrängen. Meine Angst war so groß, dass ich sogar meiner Familie gegenüber immer geschwiegen hatte. Meine älteste Tochter Judith erfuhr erst mit acht Jahren, dass sie Jüdin ist. Und nun sollte ich an einem solchen Projekt teilnehmen? Zeugnis ablegen? Mich den Erinnerungen stellen? Mein bisheriges Schweigen brechen und sprechen? Meine Gedanken überschlugen sich. Ich lehnte Susis Vorschlag erst einmal ab – und nach ein paar netten Sätzen verabschiedeten wir uns voneinander und beendeten das Gespräch.

Ich dachte, damit sei das Thema erledigt. Doch Susis Anruf hatte an Dingen gerührt, die mir in den folgenden Wochen nicht mehr aus dem Kopf gingen. Immer wieder drängten sich nun Erinnerungen aus meiner Kindheit in mein Bewusstsein, und ich grübelte darüber nach, was so ein Interview für mich bedeuten würde.

Da mein Name nun bekannt war, nahm ein US-amerikanischer Mitarbeiter der Shoah Foundation Anfang 1995 noch einmal Kontakt mit mir auf. Man lud mich ein, anlässlich des 50. Jahrestages der Befreiung des Konzentrationslagers Auschwitz nach Polen zu reisen. Im Rahmen des Gedenktages würde die Shoah Foundation vor Ort Interviews mit Auschwitzüberlebenden aufnehmen. Ob ich nicht auch dazu bereit sei.

Bei der Vorstellung, nach Auschwitz zu reisen, geriet alles in mir in Aufruhr. Noch einmal die Hölle betreten? An Einzelheiten erinnert werden? Und dann auch noch darüber reden? Ich bat um Bedenkzeit.

Die nächsten Tage war ich sehr aufgeregt. Ich konnte kaum noch einen klaren Gedanken fassen und noch weniger eine Entscheidung treffen. Schließlich mischten sich meine Töchter Judith und Anita ein. Sie ahnten wohl, wie wichtig es für mich sein würde, mich meiner Vergangenheit zu stellen, und redeten mir zu, nach Polen zu reisen. Sie erklärten sich sogar bereit, mich auf dieser schweren Reise zu begleiten. Ohne ihre Unterstützung hätte ich nicht den Mut aufgebracht, tatsächlich noch einmal nach Auschwitz zurückzukehren.

Da ich erfahren hatte, dass die Jüdische Gemeinde in Frankfurt zusammen mit der Zentralwohlfahrtsstelle der Juden in Deutschland anlässlich des Gedenktages ebenfalls eine Reise nach Polen plante, wandte ich mich an sie. Und so kam es, dass Judith, Anita und ich zusammen mit einer großen Gruppe Jugendlicher aus verschiedenen Jüdischen Gemeinden sowie zahlreichen Journalisten am 25. Januar 1995 nach Krakau flogen.

Als wir abends im Hotel zusammensaßen, um uns ein wenig kennenzulernen, forderte Benni Bloch, der Leiter der Zentralwohlfahrtsstelle, mich plötzlich auf, etwas über meine Kindheit, über mein Leben zu erzählen. Ich wusste nicht so recht, wie mir geschah. Ohne weiter darüber nachzudenken, fing ich einfach an. Ich erzählte von meinen Großeltern, von den Aprikosen auf ihrem Grundstück, die immer so schön geduftet hatten, von meinen Eltern, der Pumpe, an der ich so gerne gespielt hatte … Ich konnte gar nicht mehr aufhören. Es war ganz still im Raum, alle Anwesenden hörten mir gespannt zu. Ich erzählte von meiner Puppe Erika, meiner Freundin Marika, von den Zwillingen. Alles, was ich so lange in meinem Inneren verborgen hatte, sprudelte jetzt aus mir heraus. Als ich am Ende schwieg, nahmen mich meine Töchter mit Tränen in den Augen in den Arm. Keine von ihnen hatte jemals meine Geschichte gehört.

Am nächsten Morgen interviewten mich Mitarbeiter der Shoah Foundation. Wieder berichtete ich über meine Erlebnisse, danach wurden auch Judith und Anita befragt. Das ganze Geschehen wühlte mich sehr auf, und ich war froh, dass auch andere Überlebende dort waren. Ich lernte zum Beispiel einen von zwei Zwillingsbrüdern kennen, der die medizinischen Versuche von Dr. Mengele, dem berüchtigten KZ-Arzt in Auschwitz, überlebt hatte. Mengele hatte herausfinden wollen, warum der eine der beiden singen konnte, der andere aber nicht. Ihm hatte dieses Experiment das Sprechvermögen gekostet, er konnte sich seither nur noch mithilfe eines Kehlkopfverstärkers verständigen.

Der nächste Tag war der 27. Januar – der Tag, an dem die Rote Armee fünfzig Jahre zuvor das Konzentrationslager Auschwitz befreit hatte. Es war ein sehr kalter Tag, und für mich folgten schwere Stunden. Ein Bus brachte uns von unserem Hotel in Krakau in die Gedenkstätte Auschwitz im heutigen Oświęcim. Nach der offiziellen Gedenkfeier sammelte sich unsere Gruppe, um das Lagergelände zu besichtigen. Ein Überlebender führte uns und erzählte. Für mich war das sehr schwer: Ich sah die Baracken, in denen ich gehaust hatte, sah mich auf der Pritsche liegen, im Waschraum spürte ich die damals erlittenen Schläge auf meinem Rücken. Ich starrte auf die Schienen, auf denen meine Mutter und mein kleiner Bruder angekommen sein mussten. Eine Wunde riss auf, ich wollte nur noch weg, alles herauslassen und weinen. Als ich dann auch noch an einer Gedenktafel, die an die ermordeten ungarischen Juden erinnert, auf meinen Namen stieß, brach ich fast zusammen. Meine Töchter mussten mich stützen, eine Journalistin eilte besorgt herbei. Natürlich handelte es sich um eine andere Eva Diamant, aber ich war schockiert: Eine Person gleichen Namens war in Auschwitz umgekommen.

An diesem Abend konnte ich nichts essen, nichts trinken, ich wollte mit niemandem sprechen. Nur nicht nachdenken, redete ich mir ein, und dieser Vorsatz begleitete mich auch den nächsten Tag, als wir wieder nach Hause flogen.

Doch ein Tor war aufgestoßen worden. Ich konnte meine Geschichte nicht länger verdrängen und einfach schweigen. Ich begann, mich immer wieder und immer intensiver mit meiner Vergangenheit auseinanderzusetzen. Es war schwer, aber meine Kraft nahm zu. Ich las Bücher über den Nationalsozialismus und über die Konzentrationslager. Später schrieb ich an die Gedenkstätte in Auschwitz und erfuhr, wann genau ich dort gewesen war, und irgendwann fand ich sogar den Mut und die Energie, etwas aufzuschreiben. So konnte ich viele, wenn auch nicht alle Puzzlestücke meiner Erinnerung wieder zusammenfügen.

Der Duft von Aprikosen

Meine ersten Erinnerungen führen mich in das Städtchen Pesterzsébet, einen Vorort von Budapest,[1] wo wir mit Oma Regina und Opa David, den Eltern meines Vaters, zusammenlebten. Eigentlich waren wir eine Großfamilie, denn am Ende des Anwesens, das fast einem Bauernhof glich, wohnten auch noch Papas Schwester Etel und ihr Mann Károly mit ihren beiden Töchtern Zsuzsi und Vera. Mein Vater, der ebenfalls Károly hieß, aber von allen nur Karcsi genannt wurde, und meine Mutter Valery hatten 1928 geheiratet.

Am 29. September 1932 war ich in einer Budapester Klinik zur Welt gekommen: ihr erstes Kind – Évike. Noch heute habe ich viele Erinnerungen an unser Leben in Pesterzsébet. Komischerweise sehe ich noch genau die schön bemalten emaillierten Nachttöpfe vor mir, die in den Schlafzimmern standen, da sich die Toilette draußen im Hof befand. Und in der Küche gab es ein Gestell, in dem eine Schüssel lag – daneben ein Stück Seife. Auf einem Hocker stand eine große Kanne mit Wasser, die abends aufgewärmt wurde.

Das Leben von uns Kindern spielte sich jedoch hauptsächlich im Freien ab. Ich verbrachte viel Zeit mit meinen Cousinen Zsuzsi und

1 Heute bildet Pesterzsébet den 20. Bezirk der Großstadt Budapest.

Vera. Jeden Tag fütterten wir die Hasen, die Oma Regina in einem kleinen Gehege hielt, mit Karotten und Salat. Enten und Gänse liefen herum, und dazwischen eine braungefleckte Katze. Wenn die Sonne hoch am Himmel stand, suchten wir den Schatten der Obstbäume: Äpfel, Birnen, Pflaumen. Vor allem der Duft der Aprikosen hatte es mir angetan. Ich liebte diese Aprikosen – frisch und als Marmelade.

Hochzeitsfoto von Valery und Károly Diamant, Budapest 1928

Valery Diamant mit ihrer Tochter Eva, 1932

In meiner Erinnerung sehe ich meinen Opa, der Kunstschmied war, ständig an Kunstgegenständen hämmern. Wenn er nicht beschäftigt war, saß er meistens vor dem Küchenfenster auf der Terrasse und rauchte seine Pfeife. Er lächelte uns zu und genoss es sichtlich, seinen drei lebensfrohen Enkeltöchtern bei ihrem Treiben zuzuschauen. Nur an einem Tag in der Woche war er immer wie ausgewechselt: Am Schabbat zeigte er sich in seiner Rolle als Familienoberhaupt.

Eva mit ihrer Puppe Erika im Arm, etwa 1935.
Hinter ihr: Onkel Imre mit Vera und Zsuzsi

Den Freitag erkannte ich als Kind schon beim Aufwachen an seinem wunderbaren Geruch. Oma Regina stand seit den frühen Morgenstunden in der Küche, die geflochtenen Mohnzöpfe, Challot genannt, lagen bereits im Ofen und dufteten durch das ganze Haus. An diesem Wochentag wurde immer das Gleiche gekocht und gebacken: Fisch, Hühnersuppe, Nudeln, Suppenfleisch, Kuchen und Kompott – und natürlich die Mohnzöpfe. Und tagsüber herrschte besonderer Trubel, denn vormittags wurde gründlich geputzt. Dann bedeckte meine Mutter den Tisch mit einer weißen Tischdecke, stellte die Kerzenleuchter darauf, legte einen Mohnzopf daneben und deckte diesen mit einem handgestickten Tuch zu.

Wegen der vielen Vorbereitungen gab es mittags nur eine Suppe. Danach mussten wir Kinder in eine große Zinkwanne steigen, in der wir von oben bis unten eingeseift und abgeschrubbt wurden. Nach dem Trockenrubbeln zogen wir frische Wäsche an. Am Schabbat trugen wir immer besonders schöne Sachen – ich erinnere mich noch genau an mein Lieblingskleid aus bordeauxrotem Samt. Nachdem mir meine Mutter noch die Zöpfe geflochten und eine große Schleife auf meinem Kopf befestigt hatte, veränderte sich meine Stimmung. Sie wurde feierlich und erwartungsvoll: Nun war ich kein struppiges kleines Mädchen mehr, sondern eine bedeutende Person, die in ihrem schönsten Kleid den Schabbat begrüßen würde – würdevoll, wie man eine Königin oder eine Braut erwartet.

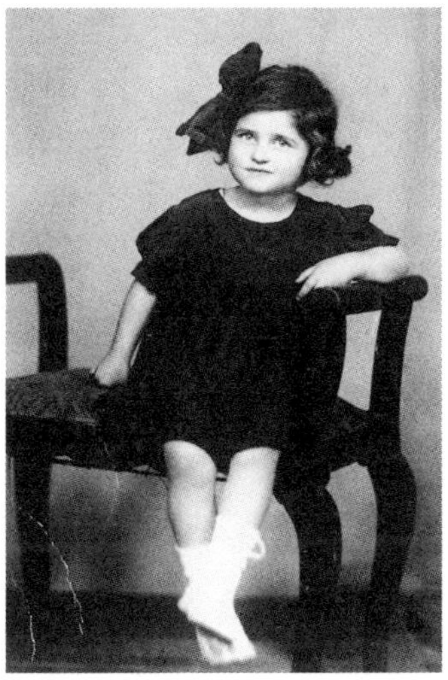

Eva, 1936/37

Am Freitag schloss Papa sein Herrenbekleidungsgeschäft immer etwas früher. Wenn er dann nach Hause kam, hatte Opa schon seinen besten Anzug angezogen und erwartete ihn. Meine Mutter bedeckte ihren Kopf mit einem Tuch, zündete die Kerzen an, betete und wünschte uns zum Schluss: »Gut Schabbes!«

Die ganze Familie antwortete: »Gut Schabbes!«

Dann machten sich die beiden Männer auf den Weg zur Synagoge. Tante Etels Mann Károly blieb meistens zu Hause, da er kränklich war, aber an unserem abendlichen Mahl nahmen alle Familienmitglieder teil. Während Oma das Essen vorbereitete und Mutter Wein auf den Tisch stellte, konnte ich es meist kaum erwarten, bis mein Opa und mein Vater, meist feierliche Lieder singend, wieder nach Hause kamen.

Nachdem sie sich die Hände gewaschen hatten, versammelte sich die ganze Familie um den Tisch. Mein Großvater stand am Ende der Tafel, nahm einen vollen Becher Wein in die rechte Hand und sprach den Kiddusch, den Segenspruch. Bevor wir uns alle setzten, antworteten wir mit »Amen«. Opa nahm den ersten Schluck von dem gesegneten Wein und reichte ihn dann an die Erwachsenen weiter. Wir Kinder bekamen Traubensaft. Nach dem Kiddusch goss sich mein Großvater Wasser erst über seine rechte, dann über seine linke Hand, wir folgten der Reihe nach. Danach wurde gebetet und die Challah gesegnet. Wir sagten noch einmal »Amen«, erhielten jeder ein Stückchen von dem mit Salz bestreuten Zopf und aßen es. Damit war die Zeremonie beendet, die Runde wurde wieder gesprächiger und wir begannen, gut und viel zu essen. Oft lehnte sich mein Vater nach vier oder fünf Gängen leise stöhnend in seinem Stuhl zurück und murmelte: »Jetzt bin ich aber satt!«

»Und ich platze auch gleich!«, stimmte ich ihm zu.

Dann schmunzelte meine Oma immer und scherzte: »Na, dann braucht ihr ja keinen Nachtisch mehr.«

»Nachtisch kann man immer essen!«, antworteten wir wie aus einem Mund.

Ich erinnere mich noch heute gerne an die friedliche und entspannte Stimmung der Freitagabende meiner Kindheit. Die Sorgen des Alltags, wenn es welche gab, waren vergessen. Die allerschönste Erinnerung ist aber die herrliche Stimme meines Großvaters, wenn er die Gebete sang. Am Samstag durfte ich mich wieder schön anziehen, doch der Vormittag zog sich für meinen Geschmack in der Regel viel zu lang hin. Ich durfte zwar vor dem Mittagessen helfen, den Tisch zu decken, aber dann lief ich ungeduldig und neugierig zwischen Esszimmer und Haustür hin und her. Ich wollte doch sehen, wen Opa und Papa diesmal aus der Synagoge zum Essen mitbringen würden. Oft kannte ich die Männer nicht, aber das machte nichts, denn meistens erzählten sie sehr interessante Geschichten. Unsere Schabbatgäste waren in der Regel alleinstehende Männer, die froh über die Einladung waren. Wenn sie eintraten und uns begrüßten, war ihnen die Freude ins Gesicht geschrieben. Mama bat immer gleich zu Tisch, weil sie wusste, wie hungrig alle waren, und Oma servierte die Vorspeise – eine Aufgabe, die sie weder ihrer Tochter Etel noch meiner Mutter überlassen wollte. Jeden Samstag gab es gehackte Eier, Hering, Challah und als Hauptgericht Tscholent, einen Bohneneintopf mit Fleisch – dessen herzhaften Duft ich noch heute in der Nase habe. Nach dem Essen beteten und sangen alle gemeinsam.

Regina Diamant, Evas Großmutter

Danach musste ich ein Mittagsschläfchen halten. Opa, der mir dabei Gesellschaft leistete, schlief meist schneller ein als ich. Wenn wir uns ausgeruht hatten, spielte er ausgiebig mit mir, bis sich die ganze Familie am späten Nachmittag zu einem gemeinsamen Spaziergang aufmachte. Dann war es auch schon Zeit, den Schabbat ausklingen zu lassen, Zeit für Havdala: Eine bunte geflochtene Kerze wurde angezündet, an der Opa seine Hände wärmte und ein Gebet sprach. Danach öffnete er die Gewürzdose und reichte sie herum. Während der Duft von Nelken den Raum erfüllte, wünschten wir uns gegenseitig eine gute Woche.

Ich sehe noch das Gesicht meiner Oma vor mir, das in solchen Momenten ganz besonders große Zufriedenheit ausstrahlte. Ich bewundere sie bis heute. Ich habe noch immer das Geräusch ihrer vielen, übereinander getragenen Röcke im Ohr. Morgens war sie als Erste auf den Beinen und abends ging sie als Letzte zu Bett. Oma Regina war immer sehr gepflegt: Ihre langen dunkelbraunen Haare waren stets ordentlich geflochten und hochgesteckt, obwohl dies sicher viel Zeit in Anspruch genommen hat. Sie war fast immer gut gelaunt, glücklich und zufrieden und meistens strahlten ihre Augen.

Das kleine Brüderchen, ein Umzug und mein Lieblingsplatz

Ich erinnere mich noch gut an einen Samstagmorgen, an dem ich in das Bett meiner Mutter schlüpfte und mit Freude feststellte, dass ihr Bauch wieder gewachsen war. Das war 1936, ich war dreieinhalb Jahre alt. Einige Wochen später, am 12. März, wurde mein Bruder Tamás geboren. Ich weiß noch, wie die Hebamme mich aus dem Zimmer schickte. Ich freute mich sehr über mein Brüderchen, auch wenn ich schon bald bemerkte, dass ich nun nicht mehr im Mittelpunkt stand. Doch ich tröstete mich mit dem Gedanken, dass ich bald einen Spielkameraden mehr haben würde. Und dann überraschte mich mein Vater eines Tages – Tamás war gerade erst ein paar Wochen alt – mit der aufregenden Nachricht, dass wir im kommenden Jahr in ein eigenes Haus mit einem großen Garten umziehen würden.

Das Jahr verging schnell, der Umzug rückte immer näher. Als der Abschied nahte, wurde ich dann doch ein wenig traurig. Die Vorstellung, die gewohnte Umgebung zu verlassen, bedrückte mich. Meine Eltern dagegen waren sehr froh, weil wir nach der Geburt von Tamás im Haus der Großeltern doch sehr beengt lebten. Oma und Opa fanden den Plan allerdings auch ein wenig schade, weil sie sich nicht so recht vorstellen konnten, ohne uns zu wohnen. Dabei war unser neues Zuhause gar nicht allzu weit entfernt, zu Fuß eine gute halbe Stunde, sodass wir sie später regelmäßig an den Wochenenden besuchen konnten.

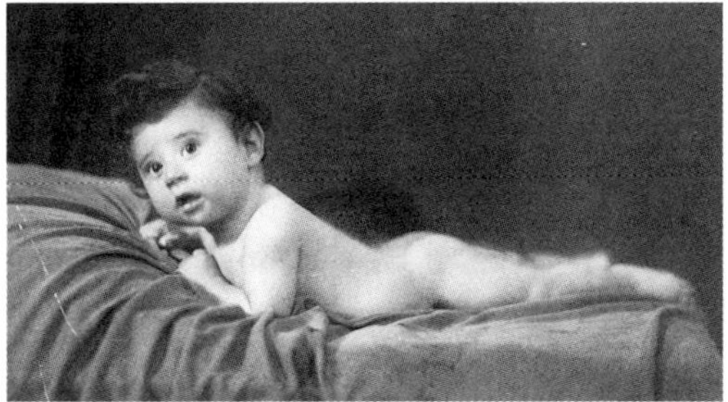

Tamás, 1936

Plötzlich ging alles ganz schnell: Ein großer Lastwagen fuhr vor, unsere Möbel wurden eingeladen – und wenig später fand ich mich in einem anderen Teil Pesterszébets wieder, in einem neuen Zuhause, das viel moderner und komfortabler war als das Haus von Oma und Opa. Es gab sogar ein Badezimmer. Am ersten Abend unternahm ich nur einen kurzen Streifzug durch die Zimmer und den Garten, der zu meiner Freude von hohen, schlanken Pappeln umgeben war. Dann fiel ich todmüde ins Bett.

Am nächsten Morgen hüpfte ich mit dem ersten Sonnenstrahl wieder aus den Federn. Hastig zog ich mich an, weil ich es kaum erwarten konnte, den Garten und die Nachbarschaft auszukundschaften. Eine weitere Entdeckungsreise innerhalb des Hauses verschob ich auf später, weil es mir draußen viel interessanter erschien. Alles war still – Mama, Papa und Tamás schliefen noch. Vorsichtig schlich ich mich hinaus. Kaum hatte ich die Haustür hinter mir zugezogen, da sah ich auf dem Grundstück auf der gegenüberliegenden Straßenseite eine Pumpe. Am Vorabend war es schon so dunkel gewesen, dass ich sie nicht bemerkt hatte. Entschlossen marschierte ich durch unseren Garten, schob das eiserne Gartentor auf und lief geradewegs hinüber. Fasziniert betrachtete ich die rauen, unbearbeiteten Steine der Pumpeneinfassung, die im Morgenlicht leuchteten. Behutsam berührte ich ihre unebene Oberfläche mit meinen Handflächen.

Nachdem ich eine Weile dort gesessen hatte, erhob ich mich und probierte den Pumpenschwengel aus. Er quietschte fürchterlich, als ich ihn mehrmals kräftig herunterzog. Klares, eiskaltes Wasser spritzte nach allen Seiten, sodass meine Kleider und Schuhe sofort pitschnass wurden. Doch das nahm ich kaum wahr. Ich war begeistert. Die Pumpe, meine Pumpe, wurde zu einem meiner liebsten Plätze, an dem ich später viele wunderbare Stunden verbrachte.

Ich gewöhnte mich schnell an unser neues Zuhause, nicht zuletzt, weil ich bald die Kinder aus der Nachbarschaft kennenlernte und mich mit vielen von ihnen anfreundete. Es war beinahe so wie früher mit meinen Cousinen Zsuzsi und Vera. Mal spielten wir im Haus der einen Familie, mal im Garten der anderen. Wenn meine neuen Freunde bei uns zu Besuch waren, bettelten wir oft so lange, bis meine Mutter uns eine Geschichte erzählte. Das konnte sie nämlich ganz toll. Wie gebannt hingen wir dann an ihren Lippen, um jedes Wort der Märchen oder auch wahren Geschichten mitzubekommen. Es war einfach eine schöne Zeit.

Auch Tamás hatte seinen Spaß an den vielen Kindern, die ständig bei uns ein- und ausgingen. Wenn ich an meinen kleinen Bruder denke, fällt mir ein Ereignis an einem Jom-Kippur-Fest ein, als er etwa dreieinhalb Jahre alt war. Die Erwachsenen fasteten an diesem Tag. Tamás und ich durften nachmittags Kekse essen. Um sich für den abendlichen Besuch der Synagoge noch etwas auszuruhen, zogen sich unsere Eltern ins Schlafzimmer zurück. Mama schärfte mir ein, ja darauf zu achten, dass Tamás keinen Unsinn anstellte. Ich weiß nicht mehr, ob ich gemalt oder mit meinen Puppen gespielt habe, jedenfalls war ich ganz versunken und verschwendete keinen Gedanken an meinen Bruder. Dabei hätte es mich eigentlich stutzig machen müssen, als ich von irgendwoher ein merkwürdig schmatzendes Geräusch hörte. Als ich endlich reagierte, war es zu spät.

Kekse hatten Tamás offenbar nicht genügt, jedenfalls hatte er sich über den großen Topf mit selbstgemachter Zwetschgenmarmelade hergemacht, der in der Küche stand. Er sah aus, als wäre er kopfüber in das Gefäß gefallen. Das ganze Gesicht, die Haare, Hemd, Hose, ja sogar die Hausschuhe – alles war voller Marmelade. Vom Fußboden und den Wänden ganz zu schweigen. Tamás stand buchstäblich da wie ein begossener Pudel. Ich bekam einen riesigen Schreck, da ich meinem Versprechen, auf ihn aufzupassen, nicht nachgekommen war.

Tamás, 1940

Tamás und ich standen einander gegenüber wie gelähmt und starrten uns an, als sich auch schon die Tür öffnete und unsere Eltern in die Küche kamen. Oje, dachte ich bestürzt, jetzt würde es gleich ein Donnerwetter setzen.

Einen Moment lang standen Mama und Papa vollkommen sprachlos da, dann fingen sie wie aus einem Munde an zu lachen. Sie konnten sich kaum beruhigen. Tamás wurde kurzerhand in die Badewanne gesteckt – und mir tat es sehr leid um die viele leckere Marmelade.

Ich habe viele lustige Geschichten mit Tamás erlebt, aber manchmal hat er mich auch fürchterlich geärgert. Einmal hielt er eine meiner Puppen – zum Glück war es nicht meine Lieblingspuppe Erika – an den glühenden Ofen, sodass sie eine geschmolzene »Narbe« im Gesicht behielt. Ich liebte meine Puppen über alles und war sehr böse auf meinen kleinen Bruder.

Die Kronprinzessin beim Herrenausstatter

Meine Eltern besaßen ein Geschäft für Herrengarderobe, das in einem Eckhaus an der vornehmen Hauptstraße von Pesterzsébet, Kossuth Lajos, lag. Die Schaufenster des Geschäfts waren ein echter Blickfang. Jede Woche kam Papas bester Freund, ein preisgekrönter Dekorateur, vorbei, um sie neu zu gestalten. Ich mochte ihn sehr. Manchmal durfte ich mit ihm ins Schaufenster krabbeln und beim Arrangieren der Auslagen zur Hand gehen. Auch der Innenraum des Ladens war sehr elegant eingerichtet: es gab einen glänzenden Mosaikboden, bordeauxrote Vorhänge vor den Schaufenstern, die vor den Blicken der Passanten schützten, dunkle Holzverkleidung und eingebaute Schränke, in deren Fächern sich Herrenhemden, Strickwaren und Schals stapelten. Am meisten gefielen mir die Schubladen mit den bunten Krawatten und Krawattennadeln. Auf der Verkaufstheke stand eine handbemalte Vase, die immer mit frischen Blumen gefüllt war. In einer Ecke befand sich ein niedriger, runder Tisch mit einem gläsernen Aschenbecher und den neuesten Modeheften. Auf der gegenüberliegenden Seite hing ein wunderbar großer Spiegel, vor dem ich mich bei jedem meiner Besuche drehte, posierte und mich bewunderte. Das war als kleines Mädchen eine meiner liebsten Beschäftigungen. Ich träumte davon, später Schauspielerin zu werden.

Wir besuchten meinen Vater im Geschäft, wann immer die Zeit es zuließ. Sobald meine Mutter in die Hauptstraße einbog, strahlte ich vor Freude. Die Besitzer der anderen Läden, die uns alle kannten, öffneten ihre Türen und grüßten uns. Es war ein schönes Gefühl, ich war stolz und glücklich. Auch Papas Angestellte, die wie er dunkle Anzüge, weiße Hemden und Krawatten trugen, empfingen mich immer besonders herzlich und beschäftigten sich liebevoll mit mir – zumindest wenn sie dazu Zeit fanden.

Ich erinnere mich an meinen Vater als einen ruhigen, zurückhaltenden Menschen, wenig kämpferisch, dem seine Familie über alles ging. Er brauchte ein wohlgeordnetes, friedvolles Zuhause und liebte die Harmonie. Er war immer sehr korrekt, hielt sich genau, fast ängstlich, an die Vorschriften. Behördengänge und dergleichen nahm ihm nach Möglichkeit meine Mutter ab, die in diesen Dingen viel geschickter und zupackender war. Überhaupt unterschieden sich die beiden ganz grundsätzlich: Mama hatte einen lebhaften und mutigen, fast wagemutigen Charakter. Um mich war sie immer ein wenig besorgt, wenn ich zum Beispiel ihrer Meinung nach zu wenig zum Frühstück gegessen hatte. Am liebsten hätte sie mich den lieben langen Tag gefüttert. Aber sie war auch strenger als Papa. Als ich einmal nicht brav war, schickte sie mich ohne Nachtisch ins Bett. Mein Vater aber schlich sich später in mein Zimmer und steckte mir heimlich ein Stückchen Kuchen zu. Ich war Papas Liebling, seine Kronprinzessin, sein ganzer Stolz. Später haben mir meine Eltern einmal erzählt, dass sich mein Vater vor meiner Geburt einen Sohn gewünscht hatte. Das konnte ich kaum glauben.

Károly Diamant vor seinem Geschäft,
Mitte der 1930er-Jahre

Chanukka und eine Eisbahn

An Weihnachten, wenn ich meine Freunde und Freundinnen in unserer Nachbarschaft besuchen durfte, bewunderte ich ihre schön geschmückten Tannenbäume und die Geschenke, die sie bekommen hatten. Bei uns zu Hause hatten wir dann schon gefeiert: unser Chanukkafest, das einige Zeit vor den christlichen Weihnachtsfeiertagen liegt und das für uns immer etwas ganz Besonderes war. Acht Tage lang konnte es gar nicht schnell genug Abend werden, denn bei Anbruch der Dunkelheit zündete meine Mutter, begleitet von unseren Liedern, die Kerzen des Chanukka-Leuchters an, der auf der Fensterbank stand. Voller Ungeduld warteten mein kleiner Bruder und ich auf diesen Augenblick. Jeden Tag wurde eine weitere Kerze angezündet, bis alle Kerzen brannten.

Der erste Abend des Festes war für uns Kinder allerdings der spannendste, denn da bekamen wir unsere Geschenke. Und dann erzählte Mama uns die Chanukkageschichte von der Wiedereinweihung des zweiten jüdischen Tempels in Jerusalem:

Vor mehr als 2000 Jahren eroberte der griechische König Antiochus das Land Judäa. Er zog mit seinen Soldaten nach Jerusalem und zerstörte den Tempel, ließ überall Götzen aufstellen und zwang die Juden, diese anzubeten. Matitjahu haMakkabi, ein Mann, der in einem kleinen Dorf in der Nähe von Jerusalem lebte, war darüber sehr zornig. Er, seine fünf Söhne und noch einige andere flohen in die Berge. Sie nannten sich Makkabäer und beschlossen, gegen die Griechen zu kämpfen und sie zu vertreiben. Nach ihrem erfolgreichen Aufstand zogen sie nach Jerusalem, reinigten den Tempel und wollten die Menora, einen Leuchter, der im Tempel niemals erlöschen durfte, wieder anzünden. Doch sie fanden nur noch einen Krug mit geweihtem Öl vor, der gerade einmal einen Tag reichen würde, und die Herstellung von neuem Öl benötigte acht Tage. Aber: Nes Gadol Haja Scham – »Ein großes Wunder geschah dort«. Die Menora brannte acht Tage lang!

Daran erinnern die neun Lichter des Chanukkaleuchters, dessen neunter Kerzenhalter – der Schamasch (»Diener«) – zum Anzünden der übrigen Kerzen dient. Einmal sagte meine Mutter dabei: »Diese Kerze entzünden wir für die Wunder, die Gott uns in der Vergangenheit beschert hat und auf die wir auch in Zukunft hoffen können.«

Mit Chanukka begann meist auch die kälteste Zeit des Jahres. In einem sehr strengen Winter hatte mein Vater nach dem Fest eine tolle Idee. Auf einer großen ungenutzten Fläche im Garten vor dem Küchenfenster grub er eine Vertiefung in den Boden und füllte sie mit Wasser, das über Nacht gefror. Das war eine gelungene Überraschung! Am nächsten Morgen wollten wir Kinder die Eisbahn natürlich gleich ausprobieren. Da weder ich noch Tamás Schlittschuh laufen konnten, lagen wir allerdings die meiste Zeit auf dem Hintern. Da hatte meine Mutter die rettende Idee: Wir sollten doch eine Stütze zu Hilfe zu nehmen. Und so wanderten unsere beiden vierbeinigen Küchenhocker aus der gemütlichen warmen Küche auf die kalte Eisbahn. Weil wir sehr fleißig übten, fühlten wir uns wenig später schon viel sicherer auf dem Eis. Zu unserer großen Freude stießen bald die Nachbarskinder zu uns. Wir verbrachten einen sehr vergnüglichen Tag miteinander.

Sommerferien in der Slowakei

Im Sommer verbrachte ich oft einige Wochen bei meinen Großeltern in der Slowakei, wo meine Mutter aufgewachsen war. Sie hatte am 1. August 1908 in dem kleinen Ort Predajná[2] als Valery Loewy das Licht der Welt erblickt. Dort wurde auch ihr zwei Jahre jüngerer Bruder Oskar geboren, dann war die Familie in das nicht weit entfernte Klenovec gezogen. Hier kam ein weiterer Bruder, Zoltan, auf die Welt, doch 1916 starb meine Oma Etel Loewy, geb. Freisinger. Meine Mutter war damals gerade einmal acht Jahre alt, sodass ich meine leibliche

2 Predajná liegt in der Zentralslowakei im Distrikt Brezno.

Oma leider nie kennengelernt habe. Mein Großvater Henrik Loewy stand plötzlich allein da mit drei Kindern sowie einem Hof, der bewirtschaftet werden musste, und einem Laden. 1918 heiratete er noch einmal und bekam mit seiner zweiten Frau, die ebenfalls Etel hieß, vier weitere Kinder: Dina, Lilli, Klari und Laci. Opa Henrik und Oma Etel mit ihren sieben Kindern waren eine von fünf jüdischen Familien in Klenovec, das nur einige Tausend Einwohner hatte. Dennoch kamen genug jüdische Männer zusammen, sodass es eine kleine Synagoge gab.

Mit zwanzig Jahren hatte meine Mutter meinen Vater geheiratet und war mit ihm nach Pesterzsébet gezogen, doch durch unsere jährlichen Sommerbesuche war der Kontakt mit dem slowakischen Teil der Familie sehr eng geblieben.

Ich liebte die Besuche bei meinen Großeltern. Mama, ich und später auch Tamás fuhren oft allein nach Klenovec, da mein Vater das Geschäft nicht für längere Zeit schließen konnte. Wenn wir mit dem Zug in der nächst größeren Stadt, Hnúšt'a, ankamen und dort mit der Pferdekutsche abgeholt wurden, war das immer schon ein toller Ferienanfang. Kaum waren wir angekommen, begrüßte mich Oma Etel meist mit den Worten: »Wie wunderschön dieses Kind ist!«, hob mich hoch und küsste mich auf beide Wangen. Im Haus meiner Großeltern ging es sehr lebendig zu. Es gab einen langen Tisch, der fast immer gedeckt war – nicht nur für die große Familie, sondern auch für eingeladene oder zufällige Gäste. Die Kinder aus dem Dorf, die mich zum Spielen besuchten, aßen mittags ganz einfach mit uns. In besonders intensiver Erinnerung habe ich Onkel Oskar, den Bruder meiner Mutter. Oskar beschäftigte sich gerne mit mir, erzählte tolle Geschichten, und freitags durfte ich immer auf seinem Schoß sitzen. Abends ging er manchmal noch einmal aus dem Haus, zu Versammlungen, wie er sagte. Dass er aktiver Zionist war, erfuhr ich aber erst viel später. Zoltan, sein jüngerer Bruder, war nicht so tatkräftig wie Oskar. Er war eher ein musischer Typ und spielte wunderschön auf der Geige. Überhaupt wurde in der Familie meiner Mutter viel musiziert und gesungen. Sie selbst hatte eine ganz außergewöhnlich schöne Stimme.

Meine Großeltern hatten auf ihrem Hof einen Laden, in dem man alles bekommen konnte, was man zum Leben brauchte: von der Seife über Esswaren bis zu Nägeln oder der Zeitung. Man musste einige Stufen hinuntergehen, dann kam man in den Verkaufsraum. Ich erinnere mich noch genau an die Klingel an der Tür, die das Eintreten der Kunden ankündigte. Die Leute unterhielten sich manchmal mit mir, denn viele, wenn auch nicht alle in der Region konnten etwas Ungarisch sprechen. Aber am liebsten spielte ich draußen bei den Tieren: Es gab Hunde, Ziegen, Hühner, Gänse, Kaninchen und vieles mehr. Bei einem unserer Besuche sorgte Tamás für allgemeines Gelächter, als er auf eine Pute und eine Ziege zeigte und fragte: »Was für ein Hund ist das?« Und die Pferdekutschen, die vor den Hof meiner Großeltern vorbeifuhren, waren immer ein besonderes Ereignis.

Familie Loewy in der Slowakei, etwa 1924/25. Hintere Reihe stehend: Evas Mutter Valery, das Hausmädchen mit Klari auf dem Arm, Oskar, Zoltan, vorne: Mutter Etel mit Lilli, Laci, Dina und Vater Henrik Loewy

Einmal bekam ich während meines Besuches in Klenovec Keuchhusten. Meine Mutter kümmerte sich sehr fürsorglich um mich, aber es wurde und wurde nicht besser. Schließlich schlug meine Oma ein altes Hausrezept vor: Ich musste mich auf dem Bauch ins Bett legen, dann setzten sie mir Blutegel auf den Rücken. Es war schon ein komisches Gefühl, aber es hat tatsächlich geholfen. Kurze Zeit später ging es mir schon viel besser.

Ich habe glückliche Erinnerungen an meine Sommerferien bei den slowakischen Großeltern – mit einer Ausnahme. Ich muss etwa fünf Jahre alt gewesen sein, als etwas Schreckliches passierte. Ich hatte eine gleichaltrige Spielkameradin. Einmal gingen wir zusammen mit einer jungen Frau, die meinen Großeltern auf dem Hof half und auf uns aufpassen sollte, spazieren. Im Ort gab es einen sehr kleinen, alten Friedhof mit schönen Bäumen. Wir liefen dort herum, lasen die alten Grabsteine und genossen unseren kleinen Ausflug. Meine Freundin stieg auf eines der alten Gräber, um mir etwas auf der Steintafel zu zeigen. Ich stand direkt neben ihr und nahm noch wahr, dass die alte Tafel sich bewegte. Dann war es auch schon geschehen. Der große Grabstein schwankte und begrub das Mädchen unter sich. Es ging so schnell, dass wir überhaupt nicht reagieren konnten. Unsere Begleiterin wurde schrecklich weiß im Gesicht, dann lief sie fort, um Hilfe zu holen. Ich blieb schockiert zurück.

Kurze Zeit später kamen Leute und trugen meine Freundin weg. Ich weiß nicht mehr, ob sie sofort tot war oder erst später starb, aber ich erinnere mich, dass ich auf ihrer Beerdigung war. Die Glocken läuteten, und es waren sehr viele Menschen gekommen, die traurig von dem kleinen Mädchen Abschied nahmen. Der Tod meiner Spielkameradin war ein furchtbarer Schock für mich.

Schmutzige Wäsche

Im September 1938 feierte ich meinen sechsten Geburtstag – und durfte endlich in die Schule! Das Lernen machte mir Riesenspaß. Ich war überglücklich, bald richtig Lesen, Schreiben und Rechnen zu können. Ich kam mir schon ziemlich erwachsen vor. Schnell schloss ich neue Freundschaften – mit christlichen und jüdischen Kindern, die in meine Klasse gingen. Außer mir gab es noch vier weitere jüdische Mädchen und einen jüdischen Jungen. Wir bekamen an den hohen Feiertagen frei, durften also zum Beispiel am Neujahrsfest Rosch Haschana und am Versöhnungstag Jom Kippur zu Hause bleiben und mit unseren Eltern in die Synagoge gehen. Für uns Kinder spielte die Konfession keine Rolle, zumindest bis zu jenem September im Jahr 1940.

Wir waren gerade in die dritte Klasse aufgerückt und hatten eine neue Lehrerin bekommen. Kaum hatte sie sich vorgestellt, da spürten wir schon, dass von nun an ein anderer Wind wehen würde. Disziplin, Pünktlichkeit und Gehorsam – das war alles, was für sie zählte. Sie war eine ausgesprochen strenge Person, die uns ziemlich einschüchterte und uns in kürzester Zeit fast jede Freude am Lernen nahm. Die Atmosphäre im Unterricht, den ich bisher so begeistert verfolgt hatte, veränderte sich völlig. An jenem denkwürdigen Morgen stellte sich unsere Lehrerin grußlos vor die Klasse und verlas laut die Namen der sechs jüdischen Schüler. Dann befahl sie uns, sofort aufzustehen, zur letzten Bank zu gehen und mit den Kindern, die dort saßen, die Plätze zu tauschen. Wir waren völlig entgeistert. Meine Klassenkameradin Zsuzsi war die Einzige unter uns, die sich traute, den Mund aufzumachen: »Warum gerade wir?«

Sie konnte ihre Frage kaum beenden, da unterbrach die Lehrerin sie schon mit schriller Stimme, dass sie als »freches, stinkendes Judenkind« kein Recht auf eine Erklärung habe. Die Klasse erstarrte. Einen Moment lang herrschte Totenstille, dann folgten wir den Anweisungen und tauschten die Plätze.

Nach Unterrichtsschluss machten wir uns verstört auf den Heimweg. Sobald ich zu Hause war, erzählte ich meiner Mutter aufgeregt von dem Vorfall. Ihr Gesicht wurde rot vor Zorn, und sie handelte, wie es ihre Art war, sofort. Sie nahm Kontakt mit den Müttern der anderen fünf jüdischen Schüler auf und verabredete sich mit ihnen für den nächsten Morgen vor der Schule. Mich tröstete sie, so gut sie konnte.

Am nächsten Tag trafen sich alle pünktlich zum vereinbarten Zeitpunkt. Zusammen gingen wir zum Direktor, dem eine der Mütter berichtete, was am Vortag in der Klasse vorgefallen war. Er hörte geduldig zu und versprach, die Lehrerin umgehend zur Rede zu stellen. Dann schickte er uns Schüler ins Klassenzimmer. Unsere Mütter verabschiedeten sich von ihm, folgten uns allerdings noch in unsere Klasse.

Nacheinander betraten wir den Raum, in dem der Unterricht bereits begonnen hatte. Die Lehrerin stockte und schaute unsere Mütter völlig perplex an, doch bevor sie etwas sagen konnte, zeigte Zsuzsis Mutter auf fünf unserer nicht-jüdischen Klassenkameradinnen und forderte sie auf, nach vorne zu kommen und sich neben uns zu stellen. Die Lehrerin, die wie gelähmt dastand, sah tatenlos zu, wie die Mädchen Zsuzsis Mutter gehorchten. Diese hob nacheinander deren Röcke hoch und zeigte auf ihre Unterhosen, die natürlich nicht alle blütenweiß und sauber waren.

»Überzeugen Sie sich selbst«, forderte Zsuzsis Mutter die Lehrerin auf, »und sagen Sie ehrlich: Wer ist hier ein stinkendes Judenkind? Und überhaupt: Was hat die Religion damit zu tun, ob sich jemand wäscht oder saubere Unterwäsche anhat?«

»Das lasse ich mir nicht gefallen!«, schrie die Lehrerin, die schließlich ihre Sprache wiedergefunden hatte. »Ich gehe zum Direktor!«

Mit diesen Worten stürmte sie aus dem Klassenzimmer. Unsere Mütter aber nahmen uns bei der Hand und gingen mit uns nach Hause.

Als wir am nächsten Tag in die Schule kamen, begrüßte uns eine neue Lehrerin. Sie erlaubte uns, unsere gewohnten Plätze wieder einzunehmen. Wir hatten uns also erfolgreich gewehrt – zum ersten und für viele zum letzten Mal.

Ein schlimmer Nachmittag

Ich habe schon von der schönen alten Pumpe erzählt, die ich aus meinem Fenster sehen konnte; und deren raue Einfassung ich so gern mit den Händen berührte. An heißen Sommernachmittagen versammelten wir Kinder uns dort zum Spielen. Wenn wir am Abend über und über schmutzig waren, was ziemlich häufig vorkam, wuschen wir uns vor dem Nachhauseweg noch schnell die Hände und Füße. Meistens planschten wir so übermütig, dass wir reichlich durchnässt zu Hause ankamen.

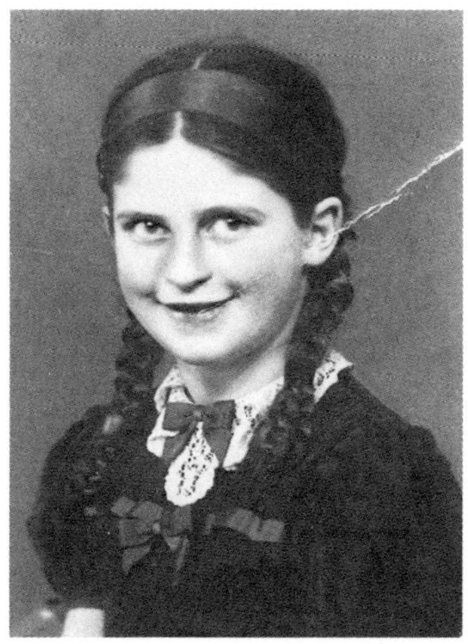

Eva, 1942

Eines Tages, ich war damals acht Jahre alt, schickte mich mein Vater Zigaretten holen. Das hatte ich schon öfter gemacht. An der nächsten Straßenecke befand sich ein kleiner Laden, in dem eine sehr nette ältere Frau Zeitungen, Tabakwaren, Süßigkeiten und andere Kleinigkeiten verkaufte. Sie kannte mich schon, ich war eine gute Kundin von ihr. Also steckte ich das Geld, das Papa mir reichte, in die Hosentasche und ging fröhlich durch das Gartentor auf die Straße. Neugierig schaute ich hinüber zur Pumpe. Vier oder vielleicht auch fünf meiner Freunde spielten dort. Ich wollte ihnen zuwinken, doch sie schienen viel zu beschäftigt, um mich wahrzunehmen. Ich näherte mich ihnen ein Stück und sah verwundert, dass zwei von den Jungs ein rohes, blutiges Stück Fleisch unter den Wasserstrahl hielten, während die anderen fasziniert zusahen, wie das Blut abfloss. Plötzlich drehte sich einer um und entdeckte mich.

»Was glotzt du so blöd, Saujüdin?«, gellte es mir entgegen.

Ich starrte ihn verblüfft an, da rief auch schon einer meiner Freunde: »Ja, schau ruhig her! Genauso wie von diesem Stück Fleisch wird bald auch das Blut von deinem Vater fließen! Komm doch her. Trau dich nur, komm rüber, dann spritzen wir dich ein bisschen voll.«

Die letzten Worte schrie er hinter mir her, denn da hatte ich bereits die Flucht ergriffen. Ich war schon ein ganzes Stück gerannt, da klang mir immer noch das höhnische Lachen der anderen in den Ohren. Als ich völlig atemlos in den Zeitungsladen kam, schaute die Verkäuferin erschrocken auf. Wortlos legte ich das Geld auf die Theke, und sie reichte mir wie üblich eine Schachtel Zigaretten. Hastig drehte ich mich um, verließ den Laden und rannte, ohne nach links und rechts zu schauen, den ganzen Weg zurück nach Hause. Das Gartentor, das ich immer offen ließ, zog ich hinter mir zu.

Familienfoto mit den Onkeln Oskar und Zoltan, etwa Anfang der 1940er-Jahre

Mein Vater, der mir entgegenkam, sah mein schreckensbleiches Gesicht und die Tränen in meinen Augen. Doch er stellte keine Fragen, sondern nahm mich nur in den Arm und drückte mich ganz fest an sich. Meine Stimme überschlug sich, als ich ihm schließlich alles erzählte. Geduldig hörte er mir zu. Als ich schwieg, versuchte er mich zu trösten. »Ich weiß, deine besten Freunde … das tut weh. Aber glaube mir, mein kleines Mädchen, die wissen gar nicht, was sie reden. Jemand hat sie gegen uns aufgehetzt. Sie tragen keine Schuld.«

Ich saß noch eine ganze Weile auf seinem Schoß und versuchte, mich zu beruhigen. Irgendwann hörte ich, wie mein Vater mit flüsternder Stimme ganz leise – als ob dies nicht für mich bestimmt war – sagte: »Miért születtem Hébernek? Miért nem inkább Négernek?« – »Warum bin ich als Hebräer geboren? Warum nicht als Neger?«

Damals verstand ich diesen Satz nicht, aber er blieb mir im Gedächtnis. Und an der Pumpe, die ich eigentlich so liebte, wollte ich seit diesem Erlebnis nicht mehr spielen.

Der Besuch

Am 27. Juni 1941 trat Ungarn in den Krieg gegen die Sowjetunion ein. Wie viele jüdische Männer erhielt mein Vater einen Brief, dass er sich für den Arbeitsdienst in der Armee bereithalten sollte.[3] Etwa ein halbes Jahr später wurde er dann einberufen. Er sollte nach Nagykáta fahren, ein Städtchen etwa 60 Kilometer von Budapest entfernt. Wir verabschiedeten ihn am Bahnhof, wo er mit vielen anderen in den Zug stieg – sehr zuversichtlich, dass er bald wieder nach Hause kommen würde.

Nach einigen Tagen schickte mein Vater eine Postkarte, dass er in Nagykáta angekommen und die Unterbringung »ganz gut« sei. Wir würden ihm fehlen, und er hoffe, uns bald wiederzusehen. Solche Postkarten und auch Briefe bekamen wir in der folgenden Zeit regelmäßig von ihm, wir wiederum schickten Pakete. Einmal durften wir ihn

3 Zum Arbeitsdienst der jüdischen Ungarn in der Honvéd siehe Einleitung.

sogar besuchen. Es war etwa im Spätsommer 1942, als meine Mutter eines Morgens Tamás und mich anzog, Proviant einpackte und sich mit uns auf den Weg zum Bahnhof machte. Im Zug trafen wir noch andere Familien, die ihre Männer bzw. Väter besuchen wollten. Tamás und ich spielten mit den Kindern, während meine Mutter sich mit einer anderen Frau unterhielt. Als der Zug in Nagykáta hielt, stiegen sehr viele Leute aus – die meisten von ihnen waren Angehörige von Arbeitsdienstlern. Eine ganze Gruppe von Personen ging vom Bahnhof aus zu Fuß durch die Stadt in Richtung des Lagers, in dem die jüdischen Männer untergebracht waren.

Das Lager war schon von Weitem zu erkennen. Es war von einem hohen Zaun umgeben, das große Tor wurde von Soldaten bewacht. Als wir ankamen, öffneten sie es. Die Besucher strömten hinein, die Soldaten kümmerten sich nicht weiter um uns. Etwas entfernt konnten wir die Männer auf einem großen Platz stehen sehen. Kaum hatten sie uns entdeckt, kam Bewegung in die Gruppe, die Reihen lösten sich auf und die Männer liefen ihren Familienangehörigen entgegen. Nur mein Vater blieb wie angewurzelt stehen. Vermutlich traute er sich nicht, sich den Anweisungen zu widersetzen. Er rührte sich erst, als ich auf ihn zulief und mich in seine Arme warf. Damals ahnte ich nicht, dass dies meine letzte Erinnerung an ihn sein würde.

Irgendwann in der folgenden Zeit verloren wir den Kontakt zu meinem Vater. Er meldete sich nicht mehr, wir wussten nicht, wo er eingesetzt war. Erst lange nach dem Krieg erfuhr ich, dass meine Mutter offenbar eine Vermisstenanzeige beim Roten Kreuz aufgegeben hatte und Ende Januar 1943 mitgeteilt bekam, dass Károly Diamant in den besetzten sowjetischen Gebieten verschollen sei.

Während der Abwesenheit meines Vaters kümmerte sich meine Mutter um den Laden. Das war viel Arbeit, und sie hatte eine schwere Zeit. Ein bisschen Unterstützung erhielt sie von ihrer slowakischen Cousine Piri, die etwa Anfang 1943 bei uns einzog. Ich wusste damals noch nicht, dass Tante Piri aus der Slowakei geflohen war, weil die jüdische Bevölkerung dort verfolgt wurde, und dass sie ihren Sohn – er hieß auch Tamás und war ungefähr in meinem Alter – in einem christlichen Heim versteckt hatte.[4]

Auch Tante Dina, die Halbschwester meiner Mutter, kam aus der Slowakei nach Budapest. Dina war von Klenovec nach Bratislava gegangen, um eine Ausbildung als Krankenschwester zu machen. Als die Lage für die Juden in der Slowakei immer bedrohlicher wurde, hatte Onkel Oskar – so erzählte sie mir später – sie ständig bedrängt wegzugehen. Oskar, der in dieser Zeit sehr vielen Menschen half, nach Ungarn zu fliehen, versprach ihr, Papiere zu besorgen und den Kontakt zu einem Mann herzustellen, der sie über die Grenze bringen könne. Dina wollte nicht so recht, aber irgendwann hatte mein Onkel einfach Tatsachen geschaffen. Er war zu ihr gekommen und hatte verkündet, alles sei erledigt: Dann und dann werde der Kontaktmann auf sie warten. Da hatte Dina doch noch ihre Koffer gepackt und war nach Budapest gekommen, wo sie als Krankenschwester arbeitete.

Die Flucht

Am 19. März 1944 besetzten die Deutschen Ungarn. Ich erinnere mich nicht mehr genau an dieses Datum, aber ich weiß noch, dass ich die wachsende Unruhe unter den Erwachsenen spürte. Meine Mutter und Tante Piri saßen oft am Tisch und tuschelten miteinander. Wenn ich ins Zimmer kam, brachen die Gespräche ab. Meine Großmutter Regina

4 In der Slowakischen Republik – seit März 1939 ein selbstständiger Staat, der einen »Schutzvertrag« mit dem Deutschen Reich einging – wurden zwischen März und Oktober 1942 etwa zwei Drittel der jüdischen Bevölkerung, d. h. etwa 58 000 Menschen nach Auschwitz, Majdanek und Lublin deportiert und ermordet. Etwa 18 000 Juden überlebten diese erste Deportationswelle. Sie waren vorerst durch Schutzbriefe verschiedener Art geschützt oder befanden sich in Konzentrations- oder Arbeitslagern (etwa 2000). Schätzungen gehen davon aus, dass ungefähr 10 000 slowakischen Juden bis März 1944 die Flucht über die Grenze nach Ungarn gelang. Zur Situation in der Slowakei siehe Einleitung.

besuchte uns in diesen Tagen häufiger, und dies nicht nur, weil mein Opa David Ende 1943 ganz unerwartet gestorben war. Als ich Oma Regina an einem warmen Märznachmittag 1944 verabschiedete, ahnte ich jedoch nicht, dass ich sie nie wiedersehen würde.

Dann ging alles Schlag auf Schlag. Ab dem 5. April waren wir verpflichtet, den gelben Stern zu tragen. Ich ging nicht mehr zur Schule und verließ kaum noch das Haus, doch meine wagemutige Mama wollte – das erfuhr ich, als ich zufällig ein Gespräch zwischen ihr und Tante Piri mitanhörte – ihren Judenstern einfach abnehmen, wenn sie nach Budapest fahren musste, um dort etwas zu erledigen. »Jüdische« Geschäfte wurden verboten – Mama musste unseren schönen Laden schließen. Da sie jedoch die Erlaubnis hatte, einen Teil der Waren mitzunehmen, richtete sie sich in unserer Waschküche ein kleines Verkaufslager ein. Doch das Geschäft ging sehr schlecht, immer weniger Kunden kamen und meine Mutter hatte große Mühe, für ihre Familie wenigstens ein bisschen Geld zu verdienen.

Die Unruhe bei uns zu Hause wurde immer größer. Ich spürte vor allem Tante Piris Aufregung und befürchtete, dass sie uns wieder verlassen würde. Aber davon wollte ich nichts wissen, weil ich sie doch so gern mochte. Deshalb war ich nicht nur überrascht, sondern auch sehr erfreut, als meine Mutter mich eines Morgens fragte, ob ich nicht Lust hätte, mit Tante Piri eine Reise in die Slowakei zu machen. Ich fand es selbstverständlich, dass sie dorthin zurückwollte, wo sie ja zu Hause war und sich gut auskannte. »Ich werde etwas später mit Tamás nachkommen«, versprach meine Mutter. Ich mochte mich zwar nicht so gerne von ihr trennen, aber die Freude, mit Tante Piri gemeinsam etwas zu unternehmen, überwog. Zudem freute ich mich sehr, wieder einmal in die Slowakei zu fahren, und es sollte ja auch nur eine Trennung für kurze Zeit sein.

Alle Vorbereitungen waren bereits getroffen: Ein kleiner Koffer war für mich gepackt, und auch die Fahrkarten lagen schon auf dem Tisch. Meine Mutter nahm mich zu sich und erklärte mit ruhiger Stimme, dass ich mit Tante Piri und einem mir unbekannten Mann heimlich über die Grenze in die Slowakei gehen würde. Darüber wunderte ich mich komischerweise nicht weiter. Verwirrender fand ich es allerdings, als ich erfuhr, dass wir mit falschen Papieren reisen würden: Ich hieß plötzlich Maria Kowács, meine Tante Marika Kowács. Die Kowács, unsere Nachbarn, hatten uns also ihre Ausweise zur Verfügung gestellt. Eindringlich verbot meine Mutter mir, Fragen zu stellen. Sie befahl mir sogar, sobald Tante Piri und ich die Grenzregion erreicht hätten, mich taubstumm zu stellen. Jetzt bekam ich es doch ein bisschen mit der Angst zu tun.

Am nächsten Morgen, es muss so um den 10. April herum gewesen sein, bürstete meine Mutter mir lange das Haar und flocht noch einmal liebevoll meine dicken Zöpfe. Bevor wir gingen, lief ich noch schnell zu einem Foto von meinem Vater, das auf der Kommode stand, und drückte einen dicken Kuss darauf. Mama nahm mir das Bild vorsichtig aus der Hand, stellte es zurück und beruhigte mich: »Dein Papa hat dich sehr lieb. Ihr werdet euch sicher bald wiedersehen.«

Schweigend machten wir uns auf den Weg zur Straßenbahn, die uns von Pesterzsébet zum Budapester Bahnhof brachte. Keiner von uns hatte den gelben Stern angesteckt. Alle wirkten irgendwie bedrückt, und beim Abschied auf dem Bahnsteig drückte Mama mich so fest an sich, dass ich fast keine Luft mehr bekam. Tränen standen in ihren Augen. Ich wollte sie trösten, ich verstand gar nicht, warum sie so traurig war, wo sie doch bald nachkommen würde. Schnell umarmte ich noch meinen kleinen Bruder, als Tante Piri mich auch schon in das Abteil zog und der Zug sich langsam in Bewegung setzte. Ich winkte Mama und Tamás noch lange zu.

Tante Piri und ich machten es uns im Zug so bequem wie möglich. Eine ganze Weile schauten wir schweigend aus dem Fenster. Als meine Tante schließlich die von Mama vorbereiteten Frühstücksbrote auspackte und mir in die Hand drückte, musste ich plötzlich doch weinen. Die Tränen rannen mir über die Wangen und tropften auf meine Puppe Erika, die auf meinem Schoß saß. Ich drückte sie fest an mich.

Gegen Abend erreichten wir einen kleinen Ort unweit der slowakischen Grenze. Als wir ausgestiegen waren, kam uns auf dem Bahnsteig ein großgewachsener junger Mann entgegen. An Tante Piri gewandt fragte er: »Sie sind Frau Kowács?« Dann zeigte er auf mich: »Und das muss die kleine Maria sein!«

Oje, dachte ich, jetzt bloß nichts falsch machen! Tante Piri nickte, der Mann nahm unsere Koffer und wir folgten ihm in die Dunkelheit. Wir liefen durch einen Wald, ein kühler Wind wehte. Ich fror nicht nur, mir war auch sehr unheimlich zumute. Nach etwa einer halben Stunde blieb unser Begleiter vor einem kleinen Häuschen stehen und klopfte an die Tür. Quietschend öffnete diese sich. Eine ältere Frau erschien, von der wir wenig später erfuhren, dass sie seine Mutter war. Nachdem wir in die warme Stube getreten waren und uns die Hände gewaschen hatten, wurden wir mit einer dampfenden Suppe versorgt. Das tat gut, und mir wurde wieder etwas wärmer. Gleich nach dem Essen musste ich ins Bett gehen. Die Frau erklärte mir, dass die Nacht kurz sein und mir ein anstrengender Tag bevorstehen würde. Meine Tante nickte zustimmend, und ich fügte mich ohne Widerrede. Bald fand ich mich träge vor Müdigkeit in einem fremden Bett wieder. Beim Einschlafen spürte ich noch, wie Tante Piri sich über mich beugte und mir einen Gute-Nacht-Kuss gab.

Mitten in der Nacht, es muss so gegen ein Uhr gewesen sein, weckte mich meine Tante wieder. Es fiel mir furchtbar schwer aufzuwachen. Tante Piri wusch mein Gesicht mit kaltem Wasser ab. Unsere Gastgeberin half ihr, mich in Bauernkleider zu stecken. Meine Zöpfe sahen noch einigermaßen ordentlich aus, sodass meine Tante mir nur oberflächlich über die Haare strich. Zum Schluss bekam ich noch schnell einen großen Apfel in die Hand gedrückt, während der junge Mann, die Koffer schon in den Händen, bereits ungeduldig an der Tür wartete. »Wir müssen jetzt los«, drängelte er.

Seine Mutter gab uns ein »Gott schütze euch!« mit auf den Weg, dann setzten wir unsere Flucht durch die Wälder fort. Dass es eine Flucht war, hatte ich inzwischen begriffen. Tante Piri ermahnte mich noch einmal, mich ab sofort stumm zu stellen. Kein Laut sollte mehr über meine Lippen kommen. Es war eine sehr dunkle und kalte Nacht, und mir war furchtbar unheimlich zumute. Ich zitterte am ganzen Körper. Hin und wieder durchschnitten Scheinwerfer die Dunkelheit, vermutlich Soldaten, die die Grenze bewachten. Plötzlich schoss mir der Gedanke durch den Kopf, dass ich meine Mutter beim Abschied gar nicht gefragt hatte, wann sie denn mit Tamás nachkommen würde. Schmerzlich wurde mir klar, dass ich nicht wusste, wie lange ich auf sie würde warten müssen. Ich stand kurz davor, leise Tante Piri danach zu fragen, als der junge Mann sich zum wiederholten Male mit einem strengen, mahnenden Blick zu uns umdrehte. Mir blieben die Worte im Halse stecken.

Die Schritte des jungen Mannes wurden schneller und schneller. Ich musste mich anstrengen, um mit den Erwachsenen mithalten zu können. Einmal überquerten wir eine kleine Brücke über einen Bach, bevor wir tiefer und tiefer in den dichten Wald hinein liefen. Ich bekam mehr und mehr Angst. Die Dunkelheit, der Wind, der mir um die Ohren pfiff, alles kam mir fast gespenstisch vor. Ich hätte so gerne mit Tante Piri gesprochen, ihr Fragen gestellt, aber ich hielt mich mit aller Macht zurück. Piri muss meine Angst gespürt haben, denn ihre Hand hielt meine immer fester, so fest, dass es schon wehtat.

Wir liefen ohne Pause bis zum Morgengrauen. Irgendwann in der Nacht mussten wir die ungarisch-slowakische Grenze überschritten haben, denn in der ersten Helligkeit erreichten wir ein kleines slowakisches Dorf. Ich spürte meine Füße längst nicht mehr und hoffte, dass unser Marsch nun zu Ende sei, aber wir mussten noch weiter. Teilnahmslos stolperte ich hinter Tante Piri her, fügte mich stumm in die Strapazen.

Unser Begleiter sollte uns in Banska Stiavnica[5] beim Krankenhaus abliefern. Als wir endlich unser Ziel erreichten, waren wir bestimmt zehn oder elf Stunden gelaufen. Mir war inzwischen alles vollkommen gleichgültig. Vor der Tür des Krankenhauses stellte der junge Mann wortlos unsere Koffer ab, nahm die Papiere unserer Nachbarn wieder

5 Die slowakische Stadt Banska Stiavnica liegt etwa 50 Kilometer von der ungarischen Grenze entfernt.

an sich und verschwand sofort. Erst lange Zeit danach habe ich eine Ahnung davon bekommen, was für ein großes Risiko er eingegangen war, um uns über die Grenze zu bringen – auch wenn er, wie ich viel später erfuhr, dafür bezahlt worden war.

Tante Piri war ebenfalls völlig erschöpft. Mit letzter Kraft nahm sie unser Gepäck in eine Hand und zog mich mit der anderen durch die Tür. Ohne jemanden anzuschauen, lief sie mit mir durch die Gänge, über eine Seitentreppe in die erste Etage. Vor der letzten Tür hielt sie an und klopfte leise. Offenbar waren wir bereits erwartet worden, denn die Tür öffnete sich blitzschnell. Wir wurden in den Raum hineingezogen, und fremde Menschen umarmten und drückten mich. Sie behaupteten, irgendwie mit mir verwandt zu sein. Da sie alle weiße Kittel trugen, dachte ich, sie seien bestimmt Ärzte – doch ich fragte nicht, weil ich ja nicht sprechen durfte.

So stand ich eine ganze Weile stumm in ihrer Mitte, bis ihnen plötzlich auffiel, dass ich kurz davor war zusammenzubrechen. Vorsichtig zogen sie mir die Schuhe von den Füßen, die jetzt ganz höllisch brannten, gaben mir ein Glas Wasser zu trinken und boten mir etwas zu Essen an. Doch ich war viel zu erschöpft zum Essen. Kaum hatten sie mich auf eine Couch gelegt, da schlief ich auch schon ein. Ich erinnere mich noch, dass ich von meiner Mutter träumte: Wir waren wieder zusammen, und sie hielt mich fest in den Armen.

Der Traum war so schön, dass ich gar nicht mehr aufwachen wollte, doch irgendwann weckte mich meine Tante zärtlich: »Kleines, du musst sofort aufstehen und dich anziehen.«

Mühsam kroch ich von der Couch und aß ein bisschen. Währenddessen erklärte mir Tante Piri, dass meine Reise noch weitergehen würde. »Eine liebe Frau wird dich in eine andere Stadt mitnehmen, zu einem Rabbiner. Ich kann leider nicht mit dir fahren, aber ich lasse bald von mir hören. Du hast nicht viel Zeit, beeil dich, in einer Stunde geht euer Zug!«

Ich hörte ihre Worte, konnte sie aber kaum glauben. Keiner hatte mir gesagt, dass wir uns trennen würden. Was sollte ich denn alleine, ohne sie machen? Trotz meiner Verzweiflung erhob ich mich folgsam wie eine kleine Marionette. Ohne recht zu begreifen, wie mir geschah, verabschiedete ich mich von Tante Piri. Alles ging so schnell, dass ich nicht einmal weinen konnte.

Eine junge blonde Frau, die ich nie zuvor gesehen hatte, nahm mich an die Hand und ging mit mir und meinem kleinen Koffer zum Bahnhof. Angeblich war sie eine entfernte Verwandte. In letzter Minute erreichten wir den Zug, der schon am Bahnsteig wartete, und suchten uns ein leeres Abteil. Ich durfte am Fenster sitzen.

Unendlich dankbar, niemanden ansehen zu müssen, schaute ich zum Fenster hinaus. Langsam füllten sich meine Augen mit Tränen, ich fühlte mich völlig hoffnungslos. Die fremde Angehörige, von der ich noch nicht einmal wusste, wie sie hieß, fragte mich auf Ungarisch, ob ich etwas essen oder trinken wolle. Ohne auch nur richtig zuhören zu können, schüttelte ich heftig den Kopf. Mein Stummsein beherrschte ich inzwischen perfekt.

An der nächsten Station stiegen neue Fahrgäste zu. Sie machten es sich neben uns bequem, unterhielten sich unbeschwert auf Slowakisch, einer Sprache, die ich zu diesem Zeitpunkt noch nicht verstand. Ich schottete mich weiter ab, starrte einsam aus dem Fenster, ohne die vorbeifliegende Landschaft richtig wahrzunehmen.

Irgendwann am Abend nahm auch diese Fahrt ein Ende. Wir erreichten Nové Mesto nad Váhom, wo ich nur zögernd aus dem Zug stieg und meine ersten Schritte in eine ungewisse Zukunft unternahm. Doch die frische Luft auf dem Bahnsteig tat mir gut. Ich ergriff die Hand meiner Begleiterin, und wir machten uns auf zu meinem nächsten Zufluchtsort.

Es war bereits so dunkel, dass ich kaum etwas von der Stadt erkennen konnte. Nach einem längeren Fußmarsch erreichten wir eine Straße mit schönen Villen und kleinen Vorgärten. Meine Begleiterin steuerte auf eines dieser Häuser zu. Lichter gingen an, und die Tür öffnete sich. Am Ende einer langen Treppe erwartete uns eine freundliche Dame, die uns willkommen hieß und hereinbat. Als die Tür hinter uns ins Schloss fiel, erschien der Hausherr. Es war der Rabbiner, von dem Tante Piri gesprochen hatte. Ich mochte ihn auf den ersten Blick. Er wirkte so gutmütig, strahlte Ruhe und Frieden aus.

»Du wirst dich bei uns sehr wohl fühlen«, sagte er zu mir, »aber du sollst gleich wissen, dass du nur ein paar Tage bleiben kannst. Ich werde dich zu einer Familie bringen, wo du sicher bist. Dort wird es dir gefallen, sie haben eine Tochter in deinem Alter.«

Er wechselte noch einige Worte auf Slowakisch mit seiner Haushälterin sowie meiner Begleiterin, die sich daraufhin schnell von mir verabschiedete und wegging. Bevor der Rabbi selbst verschwand, sagte er noch freundlich zu mir: »Wir sehen uns morgen beim Frühstück.«

Und wieder fühlte ich mich allein in einer fremden, wenn auch freundlichen Umgebung zurückgelassen. Die Haushälterin zeigte mir das Zimmer, das sie schon für mich hergerichtet hatte. Es war eigentlich ein Wintergarten voller Grünpflanzen und Blumen. Auf dem Nachttisch standen ein Glas Milch und frisches Brot. Als sie sich zurückgezogen hatte, kroch ich schnell ins Bett und schlief erschöpft ein.

Drei ruhige Tage durfte ich – gut umsorgt – in dem friedlichen Haus verbringen. Am Morgen des vierten Tages weckte mich der Rabbiner etwas früher als sonst und teilte mir beim Frühstück mit, dass er mich am Vormittag zu der Familie mit dem Mädchen bringen würde. Als wir später in seinem Auto saßen, verfiel ich wieder in mein Schweigen. Der Rabbiner schaute mich von der Seite an und sagte: »Dort, wo ich dich hinbringe, wirst du dich wie zu Hause fühlen, das verspreche ich dir.« Ich sagte nichts.

Meine neue Familie

Die Fahrt dauerte etwa eineinhalb Stunden. Wir fuhren in eine zauberhafte Gegend außerhalb der Stadt, stiegen aus dem Auto und gingen zu Fuß einen versteckt liegenden Weg entlang. Am Ende gelangten wir in einen kunstvoll angelegten Park: Blumenbeete und kleine Statuen aus

Stein säumten die Wege, vor uns lag eine große blumenübersäte Wiese. So etwas Schönes hatte ich noch nie gesehen, ich kam mir vor wie im Paradies. Mein Herz klopfte schneller, und ich begann zaghaft neue Hoffnung zu schöpfen. Der Rabbiner, dem meine Aufregung nicht entging, drückte meine kleine Hand ganz fest. Wir folgten dem Weg weiter an einem Schwimmbassin vorbei. Liegestühle standen unter Sonnenschirmen, bunte Lampions hingen in den Bäumen. Über allem lag eine große Stille. Als zwischen den riesigen alten Bäumen eine traumhafte Villa sichtbar wurde, blieb mir fast das Herz stehen vor Staunen und Bewunderung. Nachdem ich mich tagelang wie erstarrt gefühlt hatte, freute ich mich plötzlich wieder des Lebens. Ich wurde immer neugieriger. Was würde mich hier erwarten?

Als wir uns jedoch dem Hauseingang näherten, überfiel mich wieder die alte Angst. Zu wem würde ich kommen? Waren die Menschen nett? Würde ich sie mögen, und sie mich?

Der Rabbiner klingelte. Eine charmante junge Frau öffnete die Tür und bat uns herein. Sie begrüßte mich so freundlich, als ob wir uns schon immer gekannt hätten. Und sie sprach Ungarisch mit mir – was für ein Glück!

Mein Begleiter machte nicht viele Worte. »Klara«, sagte er zu der Frau, »hier bringe ich euch eure zweite Tochter. Passt gut auf sie auf! Ich muss gleich weiter.« Nachdem er mir noch seinen Segen gegeben hatte, verließ er uns. Da stand ich nun ganz schüchtern vor der schönen Fremden, die mich lebhaft aufforderte: »Évike, komm rein! Marika ist noch in ihrem Zimmer. Ich heiße Klara, du kannst mich ruhig so nennen. Willst du etwas trinken?«

Aber ich war viel zu aufgeregt, um etwas zu trinken, also erklärte mir Klara zunächst einmal den Tagesablauf der Familie: »Warmes Essen gibt es abends gegen 18 Uhr, wenn mein Mann nach Hause kommt. Es ist ihm sehr wichtig, dass dann die ganze Familie zusammen ist. Während des Essens erzählen alle, was am Tag geschehen ist. Wir singen auch gern und viel. Ich hoffe, mein junges Fräulein, dass du dich schnell bei uns eingewöhnst. Tagsüber wird sich Milli, unser

Dienstmädchen, um dich und Marika kümmern. Und nachmittags wird es eine Ruhepause für euch geben.« Nach einem Blick auf meine dicken Zöpfe fügte sie hinzu: »Morgen früh kümmere ich mich um deine Haare!«

Da schossen mir die Tränen in die Augen. Es schien eine Ewigkeit her zu sein, dass meine Mutter mir die Zöpfe geflochten hatte. Klara zog mich tröstend an sich, küsste mich auf die Wange und sagte leise: »Nicht weinen, Kleines. Jetzt wird alles wieder gut. Aber nun komm! Ich möchte dir Marika vorstellen. Ihr werdet zusammen in einem Zimmer schlafen. Meine Tochter ist auch elf. Genau wie du. Siehst du, ich weiß alles über dich!« Sie lächelte mir aufmunternd zu, und ich folgte ihr mit meinem Köfferchen in der Hand in Marikas Zimmer.

Im Kinderzimmer saß ein pummeliges Mädchen im Bett, das offensichtlich gerade aufgewacht war. Sie lachte mich an: »Bist du Évike?« Auch sie konnte etwas Ungarisch.

»Ja«, sagte ich leise.

»Ich bin Marika«, gab sie fröhlich zurück. »Wir werden bestimmt gute Freundinnen.«

Als Klara uns allein gelassen hatte, zeigte Marika mir mein Bett und den Schrank. »Du kannst gleich auspacken und deine Sachen einräumen.«

Ich zögerte. Es war mir ein bisschen peinlich, dass ich nur so wenig mithatte. Ich erzählte Marika von meiner nächtlichen Flucht und versuchte zu erklären, dass ich deshalb nicht mehr Sachen hatte mitnehmen können. Statt einer Antwort öffnete sie ihren bis oben hin vollgestopften Kleiderschrank: »Du kannst dir nehmen, was du willst!«

Sie schlug mir vor, ihre Kleider anzuprobieren, was mir normalerweise auch großen Spaß gemacht hätte, aber in dem Moment verspürte ich keine Lust. Der Gegensatz zwischen Marikas offensichtlichem Reichtum und den wenigen Habseligkeiten, die mir geblieben waren, war zu groß. Also begann ich erst mal auszupacken. Vorsichtig holte ich meine Puppe Erika aus meinem Koffer und legte sie liebevoll in eine Ecke des Bettes, in dem ich von nun an schlafen würde.

Marika und ich blieben den ganzen Nachmittag in ihrem großen Kinderzimmer. Marika fasste schnell Vertrauen zu mir und erzählte eine Menge. Später führte sie mich durch das große Haus, danach bereiteten wir uns für das Abendessen vor. Ich war sehr gespannt auf ihren Vater, wobei ich zwischen Hoffnung und Angst hin und her schwankte. Wie würde das Familienoberhaupt sein?

Ich wurde angenehm überrascht. Als wir am Abend die Treppe hinunterstiegen, kam Marikas Vater mir lächelnd ein paar Schritte entgegen: »Komm zu Tisch, Kindchen! Ich bin Onkel Karl.«

Obwohl meine größte Angst verflogen war, fühlte ich mich beim Essen anfangs immer noch etwas beklommen und fremd. Es war Freitagabend, der Beginn des Schabbat. Ich staunte über den reich gedeckten Tisch: Auf der blütenweißen Tischdecke standen handbemalte Teller, das Besteck war aus Silber, und sogar die Pfeffer- und Salzstreuer passten zum Service. Ein wunderschöner alter Kerzenleuchter spendete warmes Licht, und in einem Brotkorb lagen zugedeckt zwei Mohnzöpfe. In meiner neuen Familie ging es viel vornehmer zu als bei uns zu Hause. Man begann mit einem Aperitif – wir Kinder bekamen Saft –, dann servierte das Dienstmädchen zuerst die Vorspeise und einen Salat. Danach gab es eine Suppe mit Knödeln.

Ich freute mich über das gute Essen, aß mit Leib und Seele und taute langsam auf. Dennoch wanderten meine Gedanken immer wieder zu meiner Mutter und zu Oma Regina, zu ihrer Suppe am Schabbatabend und zu der feierlichen Stimmung bei uns zu Hause. Mitten im Hauptgang wachte ich aus meinen Erinnerungen wieder auf und schaute mich um. Ich kam mir vor wie im Traum, ich hörte Marikas fröhliche Stimme, sah die glückliche Familie vor mir. Da bekam ich plötzlich Angst, Angst, mit meiner Traurigkeit nicht hierher zu gehören, mit ihr meine Gastgeber zu belasten. Ich wollte nicht wieder weggeschickt werden und konnte es nicht verhindern, dass mir Tränen in die Augen stiegen. Schnell drehte ich mich weg, damit sie niemand sehen konnte. Marika, die es natürlich doch mitbekam, wollte zu mir herüberkommen, um mich zu trösten. Doch ihr Vater hielt sie zurück.

Er meinte, ich wolle bestimmt einen Augenblick allein sein, und damit hatte er recht. Mir tat es gut, dass mich keiner mit Fragen bedrängte. Beim Nachtisch ging es mir schon wieder viel besser. Und während der Tisch abgeräumt wurde, erzählte Karl uns Geschichten, die selbst mich zum Lachen brachten. Den Rest des Abends, den wir mit Gesellschaftsspielen verbrachten, habe ich in fröhlicher Erinnerung.

In dieser Nacht, der ersten in meinem neuen Zuhause, schlief ich ruhig und träumte von schön gedeckten Tischen und Mutters Hühnersuppe, bis mich am nächsten Morgen die Sonne aus dem Schlaf kitzelte. Marika machte mir das Einleben leicht, sodass ich mich bald sicherer, ruhiger und zuversichtlicher fühlte. Wir wurden richtig gute Freundinnen, hatten sogar Geheimnisse miteinander. Da wir beide am Anfang unserer Pubertät standen, beschäftigte uns natürlich das Thema Körper und Liebe ganz besonders. Marika freute sich sehr darüber, dass ihre Brüste langsam wuchsen, und hatte in einer orangefarbenen Schachtel schon eine ganze Sammlung wunderschöner BHs angelegt, die sie mir zeigte. Sie verriet mir auch, dass sie in einen ihrer Klassenkameraden verliebt war, und zeigte mir nicht nur ein Foto des gut aussehenden Jungen, sondern auch Liebesbriefe, die er heimlich an sie geschickt hatte. Marika drängte mich so lange, bis auch ich ihr von meinem Freund Peter erzählte, in den ich auch ein bisschen verliebt gewesen war: Mit Peter, der die Parallelklasse besucht hatte, war ich oft zusammen zur Schule gegangen. Manchmal hatte er meinen Schulranzen getragen, und ab und zu hatten wir sogar Händchen gehalten. Er hatte mir zugeflüstert, dass er mich hübsch finde und mich später heiraten wolle. Ich hatte das alles ganz aufregend gefunden und es sehr genossen, wie er mich angeschaut hatte. Doch ich verriet Marika auch, wie Peter mich verraten hatte: Bei dem Ereignis an der Pumpe war auch er dabei gewesen. Er hatte zwar die bösen Sprüche nicht gebrüllt, aber er hatte mit den anderen gelacht – und mich in keinster Weise in Schutz genommen. Das hatte mich sehr verletzt und furchtbar enttäuscht. So sehr, dass es mir sogar jetzt noch schwerfiel, Marika davon zu erzählen. Überhaupt war ich sehr zurückhaltend, ihr von meinen schlechten

Erfahrungen in Ungarn zu erzählen. Vieles behielt ich für mich – auch weil ich spürte, dass ihre Mutter Klara Marika vor diesen Dingen lieber verschonen wollte.

Marika und ich verbrachten viel Zeit draußen, vor allem als die Sommerferien begannen und wir alle Zeit der Welt füreinander hatten. Ich lernte sogar Rad fahren. Stundenlang machten wir es uns in den Liegestühlen bequem, während meine Freundin mir Slowakisch beibrachte. Schon bald konnte ich die Sprache ganz gut verstehen und auch selbst sprechen. Das trug viel dazu bei, dass ich mich ganz dazugehörig fühlte. Dennoch musste ich in diesem Sommer oft an meine Mutter und meinen kleinen Bruder denken. Ich vermisste sie so sehr und verstand überhaupt nicht, wieso sie nicht wie versprochen nachkamen. Und warum schrieben sie nicht zumindest einen Brief? Manchmal war ich richtig eifersüchtig auf Tamás, weil er bei Mama sein durfte und ich nicht.

Dabei waren alle sehr verständnisvoll und halfen mir, auf andere Gedanken zu kommen. Jeder wollte, dass es mir gut ging. Klara gab sich alle Mühe, mich immer wieder aufzumuntern. Sie war zu mir wie zu ihrer eigenen Tochter, kaufte sogar die gleichen Kleider und Schuhe für Marika und mich. Manchmal bemerkte ich, dass alle ganz aufgeregt und sehr ernst miteinander flüsterten, wenn sie glaubten, ich sei nicht in der Nähe, aber ich wollte auch gar nicht so genau wissen, worum es ging. Ich versuchte, alle düsteren Gedanken zu verdrängen.

Es war im Spätsommer, ich war seit etwa vier Monaten bei Marikas Familie, als Klara uns früher als sonst weckte. Als wir am Frühstückstisch saßen, fragte sie mich, ob ich sehr traurig wäre, wenn ich für kurze Zeit woanders wohnen würde. Sie müssten alle zusammen verreisen und könnten mich nicht mitnehmen. Ich war wie erstarrt, brachte kein Wort heraus. Entsetzt hörte ich, wie Klara fortfuhr: »Wir werden mit dir zu zwei älteren Damen gehen, die bereit sind, dich aufzunehmen. Aber vorher möchten sie dich kennenlernen. Wir drei, Marika, du und ich, gehen heute Vormittag erst einmal zusammen einkaufen und vielleicht ein Eis essen. Dann zeige ich dir dein neues Zuhause.«

Ich sprang auf und stürzte die Treppe hinauf ins Kinderzimmer. Dein neues Zuhause! Ließen mich denn alle im Stich? Erst Papa, dann Mama und Tamás, Tante Piri ... Hatten sie mir nicht alle versprochen, in Kürze von sich hören zu lassen! Wieso konnte ich nicht bei Marika und ihrer Familie bleiben? Oder mit ihnen verreisen?

Marika kam mir nach und überredete mich, wieder herunterzukommen. Ihre Mutter hatte währenddessen das Auto geholt, und zusammen fuhren wir nach Nové Mesto. Um mich zu beruhigen, gab es erst das versprochene Eis, dann kaufte Klara für Marika und mich schöne Sommerkleider und Sandalen. Die Sandalen gefielen mir wirklich gut, aber richtig aufmuntern konnte mich der Einkauf nicht. Danach gingen wir sogar ins Kino. Marika war den ganzen Tag fröhlich und freute sich, ich ließ alles wie betäubt über mich ergehen und sagte fast die ganze Zeit kein einziges Wort.

Am Nachmittag war es dann so weit. Wir besuchten die beiden Frauen, bei denen ich wohnen sollte. Sie waren mir schon vom ersten Augenblick an unangenehm. Sie kamen mir streng, ja böse vor und schüchterten mich vollkommen ein. Klara, die meine ablehnende Haltung offenbar spürte, bedankte sich nach einer Weile für das Angebot, mich aufzunehmen, meinte aber, wir könnten das noch nicht entscheiden. Dann verabschiedeten wir uns. Kaum waren wir draußen, brach ich in Tränen aus. Marika versuchte vergeblich, mich zu trösten. Wie sollte es jetzt weitergehen? Es war ja schon entschieden, dass ich Klara, Karl und Marika auf jeden Fall verlassen musste.

Als wir nach Hause kamen – nach Hause! – wartete Karl schon auf uns. Wie gewöhnlich aßen wir zusammen zu Abend. Das Essen war sicherlich so gut zubereitet wie immer, aber richtigen Appetit hatte keiner von uns. Mit ernstem Gesicht erklärte mir Marikas Vater noch einmal, dass ich nicht länger bei ihnen bleiben könnte, weil sie für eine Weile wegfahren müssten. »Glaub mir, Évike, es tut uns wirklich leid.«

Später am Abend kam Klara noch einmal zu mir ans Bett, gab mir einen Kuss und sagte: »Du musst keine Angst haben. Wir suchen dir eine andere Familie, eine, in der du dich so wohl fühlst wie bei uns. Und Marika wird dich bestimmt dort besuchen.«

Ich war sehr erleichtert und dankbar, dass ich nicht zu den strengen Frauen musste. Trotzdem konnte ich, als Klara das Zimmer verlassen hatte und ich mich mit Marika in einem Bett zusammenkuschelte, meine Tränen nicht unterdrücken. Auch Marika weinte ein bisschen. In dieser Nacht konnte ich nicht schlafen, ich lag bis zur Morgendämmerung wach. Irgendwann machte ich mir klar, dass ich keine Wahl hatte: Ich musste mich in mein Los fügen. Hoffentlich fanden sich wenigstens noch einmal so herzensgute Leute wie Klara und Karl, die mich so vorbehaltlos in ihre Familie aufgenommen hatten. Und eine Freundin wie Marika, mit der ich über alles sprechen – und schweigen – konnte.

Am nächsten Morgen machten wir uns gleich nach dem Frühstück auf den Weg. Wir fuhren zu einem etwas heruntergekommenen Haus, das nicht weit von der Innenstadt entfernt an einem Hang stand. Klara ging voraus, stieg bis in die vierte Etage hinauf und klingelte an einer Wohnungstür. Als sich die Tür öffnete, standen lächelnd zwei kleingewachsene, mollige Frauen vor uns. Sie glichen einander wie ein Ei dem andern. Beide trugen die gleiche Frisur, akkurat geflochtene und ordentlich zu einer Schnecke hochgesteckte Zöpfe. Sie erschienen mir wie einem Märchen entstiegen. Ich fühlte mich augenblicklich zu ihnen hingezogen. Sie sprachen sogar Ungarisch.

Sie baten uns in ihre einfache, saubere Wohnung, wo Kuchen und Getränke schon bereitstanden. Nachdem wir uns gesetzt hatten, stellte Klara mich vor und erzählte Marion und Lilien – so hießen die Zwillingsschwestern – ausführlich meine Geschichte. Ich saß, Marikas Hand fest umklammert, schweigend dabei. Die beiden älteren Frauen erzählten in melodischem Tonfall von sich. Wir saßen bestimmt zwei Stunden zusammen. Nach und nach verschwanden meine Unsicherheit und Angst, und irgendwie mussten Marion und Lilien das gespürt haben, denn im genau richtigen Moment wandte sich eine der beiden an mich und fragte, ob ich mir vorstellen könnte, eine Weile bei ihnen zu wohnen. Ich antwortete leise, aber deutlich mit »Ja«. Beim Abschied hauchte mir eine der beiden einen Kuss auf die Stirn. Sie hatten mein Vertrauen gewonnen.

Die Rückfahrt war viel angenehmer als die Fahrt am Morgen. Ein lauer Wind streichelte mein Gesicht, und ich schaute wieder zuversichtlicher in die Zukunft. Zu Hause ging ich gleich nach oben in unser Zimmer, wo schon ein neuer, größerer Koffer für mich bereitstand. »Fang an, Eva!«, ermutigte ich mich selbst. Während ich packte, lag Marika auf der Couch und drängte mich, dieses und jenes mitzunehmen. Ich dankte ihr, nahm ihr Angebot aber nicht an. Meine Habe – Kleider, Puppen, Kuscheltiere und vieles mehr – war im Laufe der vergangenen Monate ziemlich angewachsen, und ich hatte einfach nicht genug Platz im Koffer. Am Ende musste Marika mir sogar helfen, ihn zuzumachen. Meine Puppe Erika hatte ich noch nicht eingepackt, sie sollte auch die letzte Nacht in der schönen Villa neben mir im Bett schlafen.

An diesem Abend durften Marika und ich den Tisch decken, weil das Dienstmädchen frei hatte. Ich freute mich, dass ich mich noch einmal nützlich machen konnte. Zu unserem letzten gemeinsamen Abendessen gab es einen einfachen Gugelhupf mit Kakao, und es schmeckte allen köstlich. Nach dem Essen setzten sich Karl und Klara auf die Terrasse, während wir Mädchen einen langen Spaziergang durch Park und Garten machten. Ich nahm Abschied vom Schwimmbecken und von den Schaukeln, von den Bäumen und Blumen, von den Wegen und den kleinen Figuren aus Stein. All dies würde ich schon morgen schrecklich vermissen … Und wieder drängten sich mir Gedanken an meine Eltern, an Tamás, an mein altes Zuhause auf.

An diesem Abend wurde es sehr spät. Es war schon lange dunkel, als Klara uns ermahnte, ins Bett zu gehen. Obwohl wir versuchten, es so lange wie möglich hinauszuzögern, kam doch der Augenblick, an dem ich mich von Karl, den ich am nächsten Morgen nicht mehr sehen würde, verabschieden musste.

Als Marika und ich endlich im Bett lagen, war noch lange nicht ans Einschlafen zu denken. Meine Freundin versuchte mich aufzuheitern. Sie erzählte von all den schönen Momenten in den letzten vier

Monaten, und wir wünschten uns so sehr, dass wir zusammenbleiben könnten.

In dieser Nacht träumte ich von Soldaten, die Tante Piri und mich mit Scheinwerfern suchten und uns jagten. Wir liefen so lange, bis sie uns nicht mehr fanden: Wir waren im Paradies angekommen.

Am nächsten Morgen kam ich kaum aus dem Bett. Schließlich kleidete ich mich an, Klara flocht mir noch einmal die Zöpfe. Nach dem Frühstück, an dem alle mehr oder weniger appetitlos herumknabberten, war es auch schon Zeit aufzubrechen. Ich schaute mich noch ein letztes Mal um.

Mit Klaras Auto fuhren wir zum Haus der Zwillingsschwestern, die uns bereits erwarteten. Als sich der Abschied nicht länger hinausschieben ließ, umarmte Marika mich und versprach mir, mich bald zu besuchen. Dann würde sie mir auch ein Fläschchen von dem Himbeersirup mitbringen, den ich so gerne mochte. Klara gab mir einen letzten Kuss und zu meinem eigenen Erstaunen musste ich nicht weinen.

Bei den Märchenschwestern

Marion und Lilien, die sich ihr Leben lang nicht getrennt hatten und sich prächtig verstanden, waren nie verheiratet gewesen. Eine konnte ohne die andere nicht sein, keine tat etwas, ohne es zuvor mit der anderen abgesprochen zu haben. Die tägliche Hausarbeit hatten sie untereinander aufgeteilt. Während die ein kochte, backte und die Küche versah, hielt die andere die Wohnung in Ordnung, wusch und bügelte. Abends besserten sie abgetragene Sachen aus, stopften Strümpfe und sangen dazu. Schon am zweiten Abend schenkten sie mir einen Stopfpilz und brachten mir bei, damit umzugehen. Im Wechsel mit den Liedern erzählten sie lustige Geschichten und Märchen – schon bald nannte ich sie meine Märchenschwestern. Auch tagsüber waren sie darauf bedacht, mich in die Hausarbeit einzubeziehen. Jeden Morgen klopfte ich draußen hinter dem Haus die kleinen Teppiche und Läufer aus und bürstete sie ab. Mittags gab es meistens eine kräftige Erbsensuppe und danach frisches Obst oder Kompott. Nach dem Essen half ich beim Abspülen. Das tat ich sehr gern, denn ich war froh, mich nützlich machen zu können. Zudem freute ich mich immer wieder über die vergnügliche Gesellschaft von Marion und Lilien, sodass ich mich schnell einlebte und mich bei ihnen bald wie zu Hause fühlte.

Trotzdem wartete ich immer noch täglich auf ein Lebenszeichen von meiner Mutter oder von Tante Piri – vergeblich. Marika kam noch einige Male zu Besuch und brachte kleine Geschenke mit, aber ich spürte, dass ich mich schon weit von ihr und ihrem Leben entfernt hatte. Irgendwann tauchte sie dann einfach nicht mehr auf, und bis heute weiß ich nicht, was aus ihr und ihrer Familie geworden ist. Ob sie die »Reise« antraten, von der sie gesprochen hatten? Ob ihnen die Flucht gelang und sie überlebten?

Die Wochen bei meinen Märchenschwestern vergingen schnell. Ich lernte Strümpfe zu stopfen und dabei zu singen. Ich ließ mir die Zeit und meine traurigen Gedanken mit Geschichten vertreiben oder ich genoss die Besuche eines kleinen alten Herrn, der manchmal abends vorbeikam, sich Pfeife rauchend zu uns setzte, Tee trank und Witze erzählte. Immer wieder brachte er Marion, Lilien und mich zum Lachen. Manchmal wandte sich das Gespräch auch ernsteren Themen zu: Zwei Mal hörte ich die Erwachsenen von »Judentransporten« reden, konnte mir darunter aber überhaupt nichts vorstellen. Allerdings waren die Erwachsenen in meiner Anwesenheit sehr zurückhaltend mit solchen Themen, und eigentlich fühlte ich mich insgesamt ganz wohl und sicher – bis zu jener Nacht, als ich durch lautes Klopfen aus dem Schlaf gerissen wurde.

Es muss etwa Mitte September gewesen sein.[6] Ich kroch tiefer zwischen meine Decken und hörte, wie Marion die Tür aufschloss. Das

6 Am 29. August 1944 marschierten deutsche Truppen – mit dem Einverständnis der slowakischen Regierung – in das Land ein. Die antijüdischen Maßnahmen wurden unverzüglich verschärft und zwischen dem 30. September 1944 und März 1945 wurden die meisten der noch verbliebenen slowakischen Juden deportiert und ermordet. Siehe hierzu auch die Einleitung.

Gebrüll lauter Männerstimmen drang durch die Wohnung. Ich verstand einzelne slowakische Wortfetzen: »Zusammenpacken!« »15 Minuten!« »Mitkommen!« Dann hörte ich einen der Männer laut und in Befehlston fragen, ob noch jemand in der Wohnung sei. Mein Herz raste vor Angst, ich stellte mich schlafend. Doch Marion kam zu mir, rüttelte vorsichtig an meiner Schulter und erklärte mir mit leiser Stimme, dass wir ganz schnell die wichtigsten Sachen zusammenpacken und dann mit den Männern die Wohnung verlassen müssten. Ich zog die Decke über mich und sagte weinend zu Marion, dass ich nicht weg wolle, nicht schon wieder! Doch es half nichts. Ich musste aufstehen. Weinend zog ich mich an, raffte hastig einige Sachen zusammen und stopfte sie in einen Stoffbeutel. Dann stand ich auch schon im Wohnzimmer drei Uniformierten gegenüber, die mich zum Gehen drängten. Da bemerkte ich plötzlich, dass ich meine Puppe Erika vergessen hatte. Das Liebste, das ich noch hatte! Sie lag in meinem Bett zwischen den Decken. Verzweifelt redete ich auf die Männer ein, doch alles Bitten und Flehen war vergeblich – ich durfte sie nicht mehr holen.

»Los, los!« und »Wird's bald!« schrien sie, als sie uns aus der Wohnung drängten. Während Marion mit zitternder Hand die Wohnungstür abschloss, standen sie lachend daneben. Dann entrissen sie ihr den Schlüssel. Wir stolperten noch ganz benommen die Treppen hinunter bis auf die Straße. Dort stand ein alter Bus, in dem schon eine ganze Menge anderer verängstigter Menschen saß. Wir suchten uns die letzten freien Plätze, dann fuhr der Bus los.

Im Altersheim

Wir wurden zu einem Jüdischen Altersheim gebracht, das schon vollkommen überfüllt war. In manchen Zimmern lagen bereits Matratzen zwischen den Betten. Marion und Lilien wurden angewiesen, in eines dieser Zimmer zu gehen, und ich hoffte, eine Matratze zwischen ihren Betten zu ergattern. Doch zu meinem Entsetzen musste ich mich trotz

Bitten von ihnen trennen. Meine Märchenschwestern trösteten mich, trockneten meine Tränen und machten Witze. Sie versprachen mir, dass wir uns ja zum Frühstück wiedersehen würden.

Mir wurde ein Zimmer im ersten Stock zugewiesen. Als ich eintrat und das Licht anknipste, sah ich, dass in dem Bett neben der Tür – es war ein Zweibettzimmer – eine Frau lag. Sie schien mich allerdings kaum zu bemerken und reagierte gar nicht. Später erfuhr ich, dass sie depressiv war. Leise verstaute ich das bisschen Gepäck, das ich zusammengerafft hatte, im Schrank. Darunter waren auch ein dunkelblauer Rock und eine dazu passende Jacke, die mir meine Mutter gestrickt hatte. Sofort gingen mir Bilder durch den Kopf, wie Mama zu Hause auf der Couch lag, das Strickzeug in der Hand, und Tamás und mir Geschichten erzählte … Ich seufzte.

Da bemerkte mich die Frau wohl doch, jedenfalls drehte sie sich zu mir um und starrte mich an. Sie war mir total unheimlich, aber ich tat so, als ob nichts sei, und räumte weiter ein: meinen Pyjama, ein paar Schuhe, einen Pullover, Unterwäsche, Zahn- und Haarbürste – das war alles, was mir geblieben war. Erst nachdem ich meine Sachen weggeräumt hatte, zog ich meinen Anorak aus und hängte ihn auf. Mir ging durch den Kopf, dass ich nur die Kniestrümpfe und die Hose hatte, die ich trug: Was sollte ich im Herbst anziehen, wenn es kühler würde? In einer Waschnische, die sich in der Ecke des Zimmers befand, wusch ich mir die Hände und das Gesicht, bevor ich leise ins Bett schlüpfte. Als ich das Licht löschte, konnte ich mein Schluchzen nicht mehr unterdrücken. Wenn doch wenigstens meine Puppe Erika bei mir wäre! Da hörte ich in der Dunkelheit die kraftlose Stimme meiner Bettnachbarin: »Kindchen, warum weinst du so bitterlich? Beruhige dich doch, es wird schon alles gut.«

Ich antwortete nicht. Schrecklich müde – es war ja mitten in der Nacht – schaffte ich es, endlich einzuschlafen.

Am nächsten Morgen wachte ich in aller Frühe auf. Ohne mich um die Frau neben mir zu kümmern, eilte ich nach unten, voller Vorfreude auf das Frühstück mit den Zwillingen. Ich suchte den Raum, in dem gegessen wurde. Marion und Lilien erwarteten mich bereits, und ich setzte mich zu ihnen. Eine stämmige, freundliche Frau kam zu uns an den Tisch. Sie stellte sich als Magda vor – ich mochte sie auf Anhieb. Magda arbeitete schon lange als Köchin in dem Altersheim. Sie war keine Jüdin, aber sie behandelte uns immer freundlich und unterstützte uns, wo sie nur konnte. Sie besorgte mir sogar Unterwäsche und eine zusätzliche Hose zum Wechseln.

Die Tage verbrachte ich mit meinen Märchenschwestern. Wir durften das Gebäude nicht verlassen, aber wenigstens bis acht Uhr abends auf den Hof gehen. Das Tor war allerdings immer zugesperrt, zudem hielten sich ständig slowakische Soldaten im Heim auf, um uns zu bewachen. Um zehn Uhr mussten alle auf ihren Zimmern sein und das Licht löschen.

Anfangs war ich das einzige Kind unter lauter alten Menschen, aber das änderte sich bald. Täglich kamen neue jüdische Frauen und Männer in das Altersheim. Als in den Zimmern kein Platz mehr für weitere Matratzen war, kampierten die Neuankömmlinge selbst im großen Aufenthaltsraum. Teilweise mussten sie sich nachts mit ihren Kleidern zudecken. In regelmäßigen Abständen wurden aber auch Personen abtransportiert. Ein slowakischer Offizier, der offenbar das Kommando hatte, kam des Öfteren ins Heim und gab die Namensliste derer bekannt, die sich am nächsten Morgen im Hof zum »Weitertransport« versammeln mussten. Keiner wusste genau, wohin die Menschen gebracht würden, aber es herrschte eine ängstliche, gedrückte Stimmung voller böser Vorahnungen.

So verging eine Woche. Dann kam der Vormittag, an dem der Offizier die Namen von Marion und Lilien verlas. Mein Herz brach, als ich das hörte. Ich wusste, dass wieder ein Abschied bevorstand, und ließ meinen Tränen freien Lauf. Als wir uns am nächsten Morgen trennen mussten, zeigten meine Märchentanten jedoch noch einmal ihre ganze Stärke. Sie ließen mich ihre Angst nicht spüren, sondern versuchten stattdessen mich zu trösten: »Sei tapfer, kleine Eva, du wirst sehen, alles wird wieder gut.« Nur zu gerne hätte ich ihnen das geglaubt. Und wie gerne wäre ich mit ihnen gegangen! Jetzt würde ich ganz allein sein.

Marion und Lilien wurden mit einer sehr großen Gruppe weggebracht, zu der auch meine Zimmernachbarin gehörte. Obwohl alle im Heim Verbliebenen mich als »ihr« Kind annahmen und bemutterten, fühlte ich mich völlig verlassen. Dass meine neue Bettnachbarin Julia, die am gleichen Tag ankam, eine junge Frau um die 20 war, war nur ein kleiner Trost. Julia war sehr intelligent, las viel und wir führten an den Abenden lange Gespräche. Sie war mit ihren Eltern ins Altersheim gebracht worden, die jedoch schon nach wenigen Tagen »weitertransportiert« wurden – allerdings in getrennten Gruppen. Dass die slowakischen Soldaten nun auch Eheleute trennten, war eine neue Schikane. Offenbar freuten sie sich an dem Leid ihrer Gefangenen. Julia war empört über diesen Sadismus, und ich dachte bei mir, wie gut, dass wenigstens Marion und Lilien hatten gemeinsam gehen können. Die regelmäßigen Transporte gehörten schon fast zum Alltag.

Eine große Stütze war Magda, die Köchin, die sich ganz besonders um mich kümmerte. Manchmal durfte ich ihr sogar beim Abräumen der Tische helfen, was mir guttat, weil es mich ablenkte. Ich hoffte immer noch inständig, dass sich meine Mutter endlich bei mir melden würde. Magda stand mir von den vielen Menschen gefühlsmäßig am nächsten, und sie war es auch, die am 29. September als Einzige bemerkte, dass ich besonders traurig war. Hartnäckig fragte sie nach, bis ich ihr anvertraute, dass es mein 12. Geburtstag war. Ich hatte das allen anderen gegenüber verheimlicht, weil diejenigen, die Geburtstag hatten, oft besonders schikaniert wurden. Magda war ganz lieb, sie nahm mich in den Arm und brachte mir an diesem Tag doppelte Portionen von allem.

Magda ermutigte mich, mit dem slowakischen Offizier zu sprechen. Sie erzählte, dass er Welityel heiße und auch Ungarisch sprechen würde. Sie schlug vor, dass ich ihn bitten solle, mich nicht auf die Listen zu setzen. Zunächst fand ich die Idee ziemlich erschreckend, da der Offizier oft laut herumschrie und manchmal auch sehr brutal werden konnte. Schon einige Male hatte er ältere Männer geschlagen. Dennoch nahm ich eines Tages all meinen Mut zusammen und ging in das Büro, in dem er und die anderen Wachleute sich meistens aufhielten. Welityel war ein stattlicher Mann mit einem imposanten Bauch, der mir wie ein Riese vorkam. Als ich vor ihm stand, schlug mein Herz wie wild. Mein Gesicht lief feuerrot an, als ich ihm heftig zitternd meine Bitte vortrug. Doch er hörte mir geduldig zu und lächelte mich sogar an.

»Du bist ein nettes Mädchen«, sagte er. »Mach dir mal keine Sorgen, ich mache das schon. Alles kein Problem.«

Er versprach, mich nicht auf die Liste zu setzten, sondern sich um mich zu kümmern. Welityel unterhielt sich noch ein Weilchen mit mir, fragte mich sogar, ob ich Mohnnudeln kochen könne. Bevor er sich verabschiedete, sagte er noch zu mir, ich könne ihn ja »Onkel« nennen. Ich schöpfte wieder Hoffnung.

Und tatsächlich »beschützte« mich Onkel Welityel. Wenn er gute Laune hatte, kam er auf mich zu und unterhielt sich freundlich mit mir. Einmal nahm er mich sogar mit in die Stadt und ich durfte mir eine Süßigkeit kaufen. Das Wichtigste aber war, dass mein Name nicht aufgerufen wurde, obwohl sich das Heim mehr und mehr leerte. Auch Julia musste eines Morgens auf dem Hof antreten, danach brauchte ich mein Zimmer mit niemandem mehr teilen, weil sich kaum noch Leute im Altersheim befanden.

Eines Morgens, es muss der 23. oder 24. Oktober gewesen sein, kam der Schock: Mein Name stand auf der Liste – zusammen mit denen der restlichen Bewohner. Es war der letzte Transport aus dem Altersheim. Sofort lief ich zu Onkel Welityel, der beteuerte, dass er sein Versprechen keinesfalls vergessen habe. Aber wir würden es nun anders machen. Er werde mit zum Bahnhof kommen und im gleichen Waggon wie ich fahren. In Sered',[7] das nicht weit von der ungarischen Grenze entfernt liege, würde er dann alles für mich regeln. Er versprach mir noch einmal, dass er dafür sorgen würde, dass ich schnell wieder zu meinen Eltern käme. Ich glaubte ihm jedes Wort. Schließlich hatte er

7 Das 1941 in einer Kaserne eingerichtete Lager Sered' gehörte – neben Nowáky und Vyhne – zu den bedeutendsten unter den slowakischen Arbeits- und Konzentrationslagern. 1944 wurde es der SS unterstellt und diente als Sammellager für den Weitertransport nach Auschwitz.

meinen Namen ja auch erst auf die letzte Liste gesetzt und mich bis jetzt geschützt. Ich musste ihm vertrauen, denn Onkel Welityel war meine einzige Hoffnung, zu Mama und Tamás zurückkehren zu können.

Ins Lager Sered'

Am nächsten Tag versammelten sich die letzten Bewohner des Altersheims auf dem Hof. Ich trug meine Habseligkeiten in einem Rucksack, den Magda mir noch schnell besorgt hatte. Zu Fuß mussten wir zum Bahnhof gehen. Als wir auf den Bahnsteig kamen, stand dort nur ein langer Zug mit Viehwaggons. Ich wunderte mich noch, wo denn unser Zug geblieben sein könnte, da erschollen schon die lauten Stimmen der herumstehenden slowakischen Soldaten, die uns befahlen, in die Viehwaggons zu steigen. Ich gehorchte, aber ich achtete darauf, in der Nähe von Onkel Welityel zu bleiben. Als eine der Letzten stieg ich über die Holzleiter in den Waggon, der bereits völlig überfüllt war. Unzählige Menschen kauerten sich mit ihren Gepäckstücken auf dem schmutzigen Boden zusammen. Ich war das einzige Kind.

Welityel und drei weitere Soldaten drängten sich noch hinein und machten es sich auf einer Holzbank in der Nähe der Tür bequem, dann wurden die Türen zugeschoben. Ich setzte mich auf meinen Rucksack direkt vor Welityels Füße. Bei ihm fühlte ich mich sicher. Ich war überzeugt, dass er mich in Sered' in einen Personenzug setzen würde, der mich direkt nach Hause zu meiner geliebten Mama und Tamás bringen würde. Vielleicht war ja auch Papa inzwischen wieder daheim. Ich malte mir schon aus, wie wir uns in den Armen liegen würden.

Kurz bevor der Zug losfuhr, wurden die Waggontüren noch einmal geöffnet. Eine schlanke, große Frau wurde hineingeschoben. Damals ahnte ich noch nicht, welch wichtige Rolle sie in meinem Leben noch spielen würde.

Die Fahrt dauerte den ganzen Tag, wir hatten weder etwas zu trinken noch zu essen. Es war schrecklich. Als es Nacht wurde und sich die Dunkelheit im Waggon ausbreitete, merkte ich plötzlich, wie Onkel Welityel meine Hand nahm. Er zog sie zu sich heran und ich spürte etwas Kaltes. Er drängte mich, ihn zu berühren. Ekel und Panik ergriffen mich, immer wieder versuchte ich meine Hand wegzuziehen, aber er war viel stärker als ich. Obwohl ich eigentlich gar nicht wusste, was mir passierte, schämte ich mich furchtbar. Aber die Scham stritt sich mit den Hoffnungen, die er mir gemacht hatte. Müsste ich nicht alles tun, um meinen »Retter« nicht zu verärgern? Hätte ich nicht jeden Preis zu bezahlen, wenn ich meine Familie wiedersehen wollte?

In dem Moment, in dem etwas Nasses über meine Hand rann, bremste der Zug plötzlich heftig. Die Tür wurde aufgerissen, und mein »Onkel« schlug ganz schnell seinen schweren Militärmantel über seinen Schoß. Welityel reichte den Soldaten, die vor dem Waggon standen, einige Papiere, dann wurde die Tür wieder zugeschlagen und der Zug setzte sich erneut in Bewegung.

Die Fahrt dauerte noch die ganze Nacht, sie schien kein Ende zu nehmen. Die ganze Zeit hielt Welityel meine Hand, aber zu meiner großen Erleichterung zwang er mich nicht mehr, ihn zu berühren.

In Sered' kletterten wir mühsam aus dem Waggon. In dem ganzen Geschiebe und Gestoße drängte ich mich zu Welityel durch und erinnerte ihn an sein Versprechen. Er beruhigte mich, ich solle nur schon mit den anderen mitgehen, er werde alles für mich im Büro erledigen. Er schubste mich leicht von sich weg, zu den anderen, die ins Lager geführt wurden. Mir blieb nichts anderes übrig, als ihnen zu folgen.

Im Lager selbst gab es aber auch viele deutsche Aufseher. Meine Angst wurde zur Panik. Wenn Welityel sein Versprechen nun doch nicht halten würde? Ich hielt es nicht mehr aus. In einem unbeobachteten Moment schlüpfte ich aus der Baracke und rannte ins Büro zurück. Dort sagte man mir, dass Welityel längst zurückgefahren sei. Er habe auch keine Nachricht hinterlassen, und selbstverständlich würde ich nicht aus dem Lager entlassen. Ungeduldig schnauzte mich der Wachhabende auf Slowakisch an: »Geh sofort in die Baracke zurück oder es passiert was!«

Meine Enttäuschung war bodenlos. Völlig betäubt schlich ich zurück. Ich ließ es sogar teilnahmslos über mich ergehen, als ein slowakischer Aufseher mir an der Tür zur Baracke einen heftigen Stoß verpasste, sodass ich fast hinstürzte. Taumelnd suchte ich mir einen Platz in der Baracke, kein Ton kam mehr über meine Lippen. Eine vollkommene Gleichgültigkeit überfiel mich, ich verweigerte sogar das Essen. Niemand interessierte sich dafür – außer der Frau, die kurz vor der Abfahrt in Nové Mesto in den Zug geworfen worden war. »Ich heiße Stella«, sagte sie auf Ungarisch zu mir – sie war Slowakin – und bemühte sich mit aller Kraft, mich zu trösten und zum Essen zu überreden. Ich nahm kaum Notiz von ihrer Fürsorglichkeit. Es interessierte mich nicht.

Am Abend wurden wir in einen anderen Raum getrieben, in dem Matratzen und Strohsäcke auf dem Boden lagen. Ich ergatterte einen Strohsack, fiel in einen tiefen Schlaf und blieb am nächsten Morgen einfach apathisch auf dem Boden liegen. Während ich meinen düsteren Gedanken nachhing, fühlte ich, dass Stella mich weiter im Auge behielt. Doch ich weigerte mich, mit ihr zu sprechen. So vergingen einige Tage. Dann wurden wir ein weiteres Mal zum Bahnhof getrieben.

Auschwitz

Wieder hockte ich mit meinem Rucksack auf dem Boden eines Viehwaggons, eng zusammengedrängt mit vielen anderen Menschen. Nachdem wir hineingeschoben und die Türen verschlossen worden waren, geschah nichts. Der Zug stand. Nach den Tagen in Sered', die ich in völliger Apathie verbracht hatte, versuchte ich nun krampfhaft, meine Gedanken zu ordnen. Wo war ich? Wo würde ich hingebracht? Was würde geschehen? Bald griff jedoch die tiefe Angst wieder nach mir, ich verlor jegliche Kraft und versank erneut in Apathie.

Das Warten dauerte eine Ewigkeit. Verschwommen nahm ich durch die Ritzen in der Waggonwand wahr, dass es hell und wieder dunkel wurde. Stundenlang herrschte eine völlige Dunkelheit, in der nur das leise Weinen mancher Mitgefangener zu hören war. Der Hunger wurde immer quälender, wenn ich nicht gerade schlief musste ich fortwährend an Essen denken. Die Luft war unerträglich knapp. Mit der Zeit verbreitete sich zudem ein schrecklicher Gestank in dem geschlossenen Waggon, einige Leute mussten sich übergeben. Es war zum Ersticken.

Als sich der Zug endlich rumpelnd in Bewegung setzte, war ich sehr erleichtert, denn alles schien besser als das schreckliche Warten. Während der Zug eintönig über die Schienen ratterte, döste ich vor mich hin. Immer wieder tauchten Bilder vor meinen Augen auf: Ich sah die Märchenschwestern vor mir, bei denen ich mich eine Zeit lang so geborgen gefühlt hatte. Sie hatten es immer verstanden, mich zu trösten, wenn ich traurig und verzweifelt war. Sehnsüchtig dachte ich an diese schöne Zeit zurück.

Plötzlich erinnerte ich mich auch an eine lange zurückliegende Begebenheit: Meine Mutter besaß einmal ein Parfum in einem wunderschönen Flakon, das ich natürlich nicht benutzen durfte. Eines Tages, als sie nicht zu Hause war, ging ich heimlich an den Schrank, um das Parfum herauszuholen. Ich wollte ebenso gut duften wie meine Mama. Vor lauter Aufregung passierte mir allerdings ein großes Missgeschick: Der Flakon fiel mir aus der Hand und zerbrach in tausend Stücke. Augenblicklich verbreitete sich der Parfumduft im ganzen Haus, sodass ich nicht mehr ein noch aus wusste. Ängstlich wartete ich auf Mamas Rückkehr. Doch das befürchtete Donnerwetter kam nicht. Meine Mutter war gar nicht so böse auf mich, sie zeigte sogar Verständnis und tröstete mich. Als ich nun in dem stinkenden Viehwaggon saß, hatte ich plötzlich den wunderbaren Geruch ihres Parfums in der Nase. Es war, als wäre der Flakon gerade erst neben mir zerbrochen. Ich schloss die Augen und gab mich meinen Traumbildern hin.

Ich weiß nicht mehr, wie lange unser Zug gefahren war, bevor er endlich stoppte. Es war am späten Nachmittag, die Dunkelheit brach bereits herein, als die Türen aufgerissen wurden und wir, geblendet vom Licht der Scheinwerfer und von lautem Gebrüll und Geschrei empfangen, aus dem Waggon stolperten. Eine Eiseskälte schlug mir entgegen, als ich plötzlich unter freiem Himmel stand. Der Schnee leuchtete bläulich. Kurz zuvor hatte ich mir in dem stickigen Waggon nichts heftiger gewünscht als frische Luft, jetzt konnte ich vor Kälte und auch vor Angst kaum atmen. Zitternd stand ich auf der Rampe in Auschwitz-Birkenau – doch das erfuhr ich erst später. Es war einer der ersten Novembertage 1944.[8] Um uns herum standen deutsche SS-Männer, teilweise mit Hunden und mit Lederpeitschen in der Hand. Außer mir konnte ich kein anderes Kind oder andere Jugendliche auf der Rampe entdecken. Plötzlich griff jemand nach meiner Hand, und als ich mich umschaute, erkannte ich Stella wieder. Im Lager in Sered' hatte ich sie ja nicht weiter beachtet, doch jetzt spürte ich, dass ich die Hilfe eines Erwachsenen brauchen würde. Sie sollte bei mir bleiben, ich wollte sie keinesfalls verlieren und klammerte mich an sie, während die ganze Gruppe ins Lager getrieben wurde.

Wir wurden in ein Gebäude gebracht, wo wir alle persönlichen Sachen abgeben und uns nackt ausziehen mussten. Beim Abtransport in Sered' hatte ich die blaue Kostümjacke angezogen, die meine Mutter mir gestrickt hatte. Während der Fahrt hatte ich mich immer wieder in sie gekuschelt, um ein wenig Trost zu finden. Jetzt brachte ich es nicht über mich, sie auszuziehen. Zögernd stand ich da, bis eine der Aufseherinnen mich anbrüllte. Da streifte ich die Jacke ab und legte sie sorgfältig gefaltet neben mich auf den Boden. Die Aufseherin hatte mich offensichtlich beobachtet, denn nun kam sie anmarschiert und schleuderte meine Jacke mit ihrem Fuß weg. Ich versuchte, die Tränen zurückzuhalten.

Was dann folgte, war das Schlimmste, was mir bis dahin zugestoßen war: Eine Frau näherte sich mir mit einer Schere in der Hand, und bevor ich überhaupt reagieren konnte, spürte ich schon die kalten Klingen an meiner Kopfhaut. Ohne zu zögern, schnitt sie mir meine ge-

8 Am 3. November 1944 traf ein Transport mit 990 jüdischen Männern sowie einer unbekannten Zahl von Frauen und Kindern aus dem Lager Sered' in Birkenau ein, die ohne »Selektion« als Häftlinge registriert und in das Lager eingewiesen wurden.

liebten Zöpfe ab, nahm sie und warf sie auf einen großen Haufen Haare, der bereits am Boden lag. Entsetzt starrte ich auf meine abgeschnittenen Zöpfe. Es war, als ob die Frau mir auch den allerletzten Schutz genommen hätte. Benommen ließ ich es über mich ergehen, dass ich ebenso wie alle anderen kahl geschoren wurde. Sogar meine Schamhaare rasierten sie ab. Ich hatte erst kurz zuvor im Altersheim entdeckt, dass mir die ersten Schamhaare wuchsen, und dort hatte ich mit niemandem darüber sprechen wollen. Das war ein Thema, das ich meiner Mutter anvertraut hätte, aber niemandem anderen. Nun wurde auch meine Scham rasiert – auf eine grobe Art, die sehr weh tat. Meine Haut war danach ganz blutig, und als ich mit den anderen in den Duschraum gehen und mich desinfizieren musste, brannte die Seife, die wir bekommen hatten, ganz furchtbar. Angestrengt versuchte ich, keinen Laut von mir zu geben. Die Frauen, die während der ganzen Prozedur geweint oder geschrien hatten, waren von den Aufseherinnen schrecklich zusammengebrüllt worden. Jetzt hörte man nur noch ein leises Wimmern.

Nachdem wir aus dem Duschraum gekommen waren, konnten wir uns mit groben, grauen Tüchern trocken reiben, bevor wir gestreifte Häftlingskleidung und grobe Holzpantinen zugeteilt bekamen. Socken oder Strümpfe gab es nicht, obwohl draußen Schnee lag. Danach wurde ich von drei Seiten fotografiert.

Später wurden wir zu einer Baracke gebracht. Als ich dort eintrat, schreckte ich entgeistert zurück. Der Anblick, der sich mir bot, war furchtbar. Auf den Pritschen im Inneren lagen völlig ausgemergelte und in Lumpen gehüllte Gestalten. Viele reagierten gar nicht auf uns Neuankömmlinge, sie nahmen uns gar nicht wahr. Sie hatten Gesichter, denen alles egal war. »Hoffentlich bleiben wir nicht hier«, schoss es mir panisch durch den Kopf.

Am selben Abend passierte noch etwas Furchtbares. In einem großen Kessel wurde Suppe gebracht. Da wir keine Löffel hatten, mussten wir reihum aus dem Topf trinken. Ich hatte so einen großen Hunger, dass ich mich sofort gierig auf die Suppe stürzte. Kaum hatten meine Lippen den Kesselrand berührt, da zuckte ich jedoch schreiend zurück.

Er war kochend heiß, und ich hatte mir furchtbar die Lippen verbrannt. Die Aufseherinnen lachten schallend.

An diesem Abend blieb ich hungrig, denn als der Kessel mich zum zweiten Mal erreichte, war er bereits leer. Danach habe ich mich nie mehr als Erste auf das Essen gestürzt. Die Verbrennung, die ich mir an diesem Abend zugezogen hatte, war so schlimm, dass ich noch lange unter starken Schmerzen litt.

Später wurde mir ein Platz auf einer der mittleren Pritschen zugewiesen. Ich musste sie mit sieben anderen Frauen teilen, aber glücklicherweise war Stella auch darunter, sodass ich neben sie kriechen konnte. Sie drückte mich ganz fest an sich und ließ meine Hand die ganze Nacht nicht mehr los. Bisher hatte ich meist irgendwann schlafen können, doch an diesem schreckenserregenden Ort konnte ich trotz lähmender Müdigkeit nicht einschlafen. Ich verstand gar nichts. Wieso schrien hier alle? Warum war ich hier? Wieso allein? Warum geschah kein Wunder und Mama stünde plötzlich vor mir, um mich hier herauszuholen? Oder Tante Piri? So verbrachte ich die erste von vielen furchtbaren Nächten in Auschwitz-Birkenau.

Am nächsten Morgen folgte die Registrierung. Ganz früh trieb man uns aus den Baracken hinaus ins Freie. Alles musste sehr schnell und lautlos gehen, nur die Stimmen der Aufseherinnen dröhnten. Auf einem Platz mussten wir uns in langen Reihen aufstellen, vor uns standen Tische. Ich war vollkommen verstört, hatte keinen Schimmer davon, was nun passieren würde. Plötzlich tauchte eine der Aufseherinnen direkt neben mir auf. Sie musterte mich von oben bis unten, dann beugte sie sich zu mir hinunter und flüsterte mir mit energischer Stimme ins Ohr: »Du bist 16 und versuche ja nicht, dich jünger zu stellen.«

Ich erschrak fürchterlich und stand wie versteinert da. Sie aber verschwand ebenso plötzlich, wie sie gekommen war. Die Aufseherin hatte Slowakisch mit mir gesprochen, aber das konnte ich zum Glück ja inzwischen ganz gut verstehen. Aber was sollte ich mit ihren Worten anfangen? Ich war ja erst zwölf, sollte ich lügen? Warum hatte die Frau mir diese Anweisung gegeben? Sollte ich sie befolgen? Ich zitterte vor Angst und Verunsicherung, merkte kaum, dass ich immer weiter nach vorne geschoben wurde. Meine Augen füllten sich mit Tränen. Am liebsten hätte ich geschrien »Mama, hilf mir!« Aber ich hatte schon begriffen, dass ich meinen Mund halten musste. Ich fühlte mich so allein.

Dann stand ich plötzlich vor einem der Tische. Ein strenges Gesicht schaute mich an: »Name?«

»Eva Diamant«, flüsterte ich.

»Wie alt bist du?«

Da ich nicht sofort reagierte, wiederholte die Frau die Frage, aber diesmal schrie sie mich an: »Wie alt bist du?«

»Sechzehn«, antwortete ich völlig automatisch.

Ohne zu zögern, trug sie dies in ein Formular ein und schickte mich weiter zu ihrer Kollegin. Diese tätowierte mir eine Nummer auf den linken Arm. Es brannte wie Feuer. Ab diesem Zeitpunkt war ich nur noch die Nummer A-26877.

Die Tage und Nächte in Auschwitz waren eine nicht enden wollende Qual. Der Hunger und die Kälte waren unerträglich. Jeden Morgen und jeden Abend mussten wir in der klirrenden Kälte Appell stehen. Das dauerte oft stundenlang. Manche Frauen wurden auch gezwungen, während des Appells zu knien. Davon blieb ich glücklicherweise verschont, denn ich glaube nicht, dass ich das lebend überstanden hätte. Aber auch so war es grauenhaft. Ohren und Kopfhaut wurden taub. Meine dichten Haare fehlten mir doppelt, und schon bald hatte ich Erfrierungen an Händen und Füßen. Sie wurden erst weiß, dann knallrot, später platzte die Haut auf.

Zu den schrecklichen Appellen kamen noch die Misshandlungen. Es war gleich zu Beginn meiner Lagerhaft, als ich nach dem Appell in den Waschraum ging, um mir Wasser über meine steif gefrorenen Finger fließen zu lassen. Plötzlich spürte ich einen brutalen Schlag auf meinem Rücken.

»Was fällt dir ein! In den Waschraum dürft ihr erst, wenn der Gong ertönt«, brüllte mich jemand an. Weitere Schläge prasselten auf mich nieder, als ich zurück in die Baracke stolperte. Kein Laut kam über meine Lippen. Das war etwas, was ich in Auschwitz sehr schnell lernte: am besten keine Aufmerksamkeit zu erregen, möglichst nie aufzufallen und immer den Mund zu halten.

Ich musste auch mitansehen, wie Stella misshandelt wurde. Als wir an einem bitterkalten Abend vom Appellplatz kamen und uns gerade auf die Pritschen legen wollten, stieß eine der Aufseherinnen Stella so heftig, dass sie auf den Boden fiel. Dann schlug sie mit ihrem Knüppel immer wieder zu. Schließlich ließ sie von Stella ab und befahl ihr, sich in der Ecke der Baracke auf den Boden zu knien. Erst nach fast einer Stunde durfte Stella wieder zu mir auf die Pritsche kriechen. Ich war froh, sie wieder in meiner Nähe zu haben.

An diesem Abend gab mir die Aufseherin nur die Hälfte meiner Brotration. Sie zeigte auf Stella und sagte hämisch: »Damit du nicht auf die Idee kommst, der da etwas abzugeben.«

Es war ihr wohl ein Dorn im Auge, dass ich jemanden hatte, der sich um mich kümmerte. Die Brotrationen und die dünne Wassersuppe, die wir bekamen, reichten sowieso nie aus, um unseren ständig nagenden Hunger zu stillen. Nur die Hälfte der Ration zu bekommen glich einer Katastrophe. In dieser Nacht lag ich also noch hungriger als sonst auf der Pritsche, als sich Stella plötzlich zu mir umdrehte. Heimlich steckte sie mir ein kleines Stück Brot zu, das neben ihrer Nachbarin gelegen hatte. Ganz vorsichtig schob sie es in meine Hand. Mein Herz klopfte vor Aufregung so laut, dass ich Angst hatte, alle könnten es hören. Ich traute mich nicht, das Brot in den Mund zu stecken, stattdessen schob ich es Zentimeter für Zentimeter in ein kleines Loch in der Pritsche. Da flüsterte Stella mir ganz leise zu: »Aber Schätzchen, iss doch, das Brot ist für dich.«

Am nächsten Morgen weckte uns unsere Peinigerin wie immer mit einem lauten Pfiff aus ihrer Trillerpfeife. »Raus mit euch! Antreten zum Appell!«, schrie sie uns mit ihrer grellen Stimme an. Als die Frau, die neben Stella lag, sich nicht rührte, brüllte sie noch lauter: »Runter von der Pritsche, sonst setzt's was!« Uns scheuchte sie schon mal raus in den Schnee. Als wir nach dem Appell wieder in die Baracke zurück durften, war der Platz neben Stella leer. Keine sagte etwas, alle wussten, dass unsere Pritschennachbarin in der Nacht gestorben war.

Tagsüber wurden wir anfangs auch zur Arbeit eingesetzt. Ich kann mich daran erinnern, dass ich Ziegel und Steine schleppen oder Kieselsteine in einem Korb sammeln musste. Zeitweise habe ich auch in einer Werkstatt gearbeitet, wo ich Waffen- oder Munitionsteile säubern musste. Wenn ich zur Arbeit ging, war ich den Tag über von Stella getrennt. Das war schlimm für mich, denn Stella half mir, wo sie nur konnte. Ohne sie hätte ich es nicht geschafft zu überleben. Und umgekehrt half auch ich ihr, wenn auch indirekt, durchzuhalten.

Eines Nachts erzählte sie mir flüsternd ihre Geschichte. Sie sagte, dass sie verrückt geworden wäre, wenn sie mich nicht getroffen hätte. Ich war ihr das erste Mal in dem Transport von Nové Mesto nad Váhom nach Sered' aufgefallen, weil ich das einzige Kind unter lauter Erwachsenen gewesen sei. Sie habe mich zu Füßen des wachhabenden Offiziers sitzen sehen, und ich sei – so drückte sie es aus – ihre Rettung gewesen. Stella hatte sich zuvor längere Zeit bei slowakischen Bauern in einem Keller versteckt, zusammen mit ihrer neunjährigen Tochter Lisa. Nachts waren sie mit Essen und Getränken und manchmal sogar mit einer Zeitung versorgt worden. Stella hatte gehofft, so bis zum Ende des Krieges aushalten zu können, doch sie mussten verraten worden sein. Eines Tages waren slowakische Soldaten und deutsche SS-Männer gekommen und hatten Stella und Lisa aus ihrem Versteck geholt. Auf Befehl eines der SS-Männer war Lisa auf der Straße vor den Augen ihrer Mutter erschossen worden. Stella erzählte mir, dass sie darum gebettelt habe, auch erschossen zu werden, aber diesen Gefallen hatten die Männer ihr nicht getan. Stattdessen hatten sie Stella über Nacht in einen feuchten Keller gesperrt und am nächsten Morgen zum Bahnhof gebracht. Die Nacht im Keller sei die grauenvollste ihres Lebens gewesen, meinte Stella, aber zum Glück habe sie mich dann im Zug entdeckt. Sie habe mich nicht mehr aus den Augen gelassen, denn ich sei an die Stelle ihrer Tochter getreten. Deshalb hatte Stella sich in Sered' um mich gekümmert.

Ich war sehr froh, dass Stella sich meiner angenommen hatte – auch wenn die Geschichte mit ihrer Tochter mich zusätzlich bedrückte. Aber ihr hat es bestimmt Erleichterung verschafft, ihre Erlebnisse zu erzählen. Wir sprachen abends und nachts oft heimlich miteinander, wobei wir sorgsam darauf achteten, dass unsere Verbindung nicht entdeckt wurde, denn dann hätte man uns bestimmt sofort getrennt. Ich wollte Stella manchmal von Mama und Tamás erzählen, aber in diesen Situationen wiegelte sie meistens ab und tröstete mich schnell: »Du wirst schon sehen, wenn wir frei sind, wird alles gut werden. Du wirst deine Mama und Tamás wiedersehen, bestimmt.« So war ich mit meiner Sehnsucht doch allein.

Krank

Krank zu werden war in Auschwitz lebensgefährlich. Als ich einmal einen Furunkel am Po hatte, verriet ich keinem etwas davon. Stattdessen stand ich mit zusammengebissenen Zähnen mühselig die Zählappelle durch. Doch irgendwann wurden die Schmerzen unerträglich. Eines Tages – es war schon Dezember – passierte es, dass ich in der Baracke aufschrie, als sich dort gerade eine Aufseherin aufhielt. Natürlich wurde sie auf mich aufmerksam und brüllte mich wütend auf Slowakisch an, was mir denn einfiele, nur sie hätte hier das Recht zu schreien. Ich sollte ihr sofort sagen, was los sei, sonst würde allen Häftlingen der Baracke die Essensration gestrichen. Was sollte ich tun? Mir blieb nichts anderes übrig, als ihr ängstlich zu erklären, dass ich große Schmerzen hätte. Verschüchtert zeigte ich auf meine linke Pobacke.

»Zeig sofort her oder ich reiße dir die Sachen vom Leib«, schrie sie vollkommen außer sich. Die anderen Frauen waren ganz still und schauten zu Boden. Vorsichtig schielte ich zu Stella. Wir hatten inzwischen eine Zeichensprache entwickelt, mit der wir uns in kritischen Situationen schnell verständigen konnten. Sie signalisierte mir, den Anweisungen zu folgen und mich auszuziehen. Ich gab Stella zu verstehen, dass ich Angst hätte, trotzdem befolgte ich ihren Rat. Als ich nackt vor der Aufseherin stand, musterte sie meinen vereiterten Furunkel und fand auch noch den zweiten, den ich in der Achselhöhle hatte. In gänzlich verändertem Ton sagte sie dann: »Du armes Würstchen, hättest du doch früher etwas gesagt«, und marschierte schnurstracks nach draußen.

Atemlos warteten wir, was nun passieren würde. Nach ein paar Minuten kam sie mit zwei Männern zurück, die mich in die Krankenbaracke brachten. Dort ging es sehr rabiat zu. Jemand warf mich unsanft auf eine Liege und begann ohne jegliche Betäubung an meinem Furunkel herumzuschneiden. Beim ersten tiefen Schnitt wurde ich vor Schmerz ohnmächtig. Als ich wieder zu mir kam, lag ich noch immer in der Krankenbaracke. Auf der Wunde klebte ein Fetzen grauer Stoff. Bald erschienen wieder Männer, die mich zurückbrachten und auf die Pritsche legten.

Dort lag ich ganz allein, keine der anderen Frauen war mehr da. Ich vermutete, dass alle beim Appell waren, und machte mir große Sorgen, dass sie wegen meiner Abwesenheit Ärger bekommen könnten. Doch irgendwann kamen sie zurück und erzählten, dass es keine weiteren Schikanen wegen mir gegeben habe. Ich war sehr erleichtert.

Die folgende Nacht war ganz schrecklich, schien nie enden zu wollen. Ich litt unter furchtbaren Schmerzen, hatte Angst und zudem noch großen Hunger und Durst. Selbst Stellas tröstender Händedruck konnte mich kaum beruhigen. Dabei hatte ich unbeschreibliches Glück gehabt, dass die slowakische Aufseherin mich nicht bestraft, sondern in die Krankenbaracke geschickt hatte.

Am nächsten Morgen brachte mich eine andere Aufseherin erneut dorthin, damit meine Wunde weiter versorgt werden konnte. Während ich wartete, erlebte ich, wie schlecht andere Häftlinge behandelt wurden. Bis heute höre ich noch die Schreie und sehe die leidenden Gesichter dieser Menschen. Als meine Nummer aufgerufen wurde, war ich völlig verängstigt. Ohne viel Federlesen riss man mir den grauen Lappen einfach ab. Ich musste laut aufschreien. Dann wurde die Wunde wieder abgedeckt, und es ging zurück in die Baracke. Dieses Mal blieb ich allerdings nicht vom Zählappell verschont, aber irgendwie überstand ich auch diesen.

Die Wunde heilte, trotz der fehlenden hygienischen Versorgung, langsam ab. Die Narbe habe ich heute noch, genau wie die Streifen an den Ober- und Unterschenkeln, die durch die Ödeme verursacht wurden, die mich ab Anfang Januar 1945 plagten. Doch die letzten Wochen in Birkenau verschwimmen in meiner Erinnerung. Ich glaubte immer wieder Explosionen zu hören, die mich sehr erschreckten. Ich wusste nicht, was passierte, niemand sagte mir etwas. Manchmal hörte ich die Frauen miteinander flüstern, verstand aber nicht, worüber sie sprachen. Meistens lag ich auf der Pritsche, wurde immer schwächer, magerte ab und nahm kaum noch wahr, was um mich herum passierte. Meine Kräfte schwanden zusehends. Eines Tages bekam ich mit, dass die Deutschen alle Häftlinge zusammentrieben, die sich noch einigermaßen bewegen konnten. Ich hörte das Weinen der Frauen und das Schreien der Aufseher: »Raus!«, »Aufstehen!«, »Aufstellen!«, »Los! Marsch!«[9]

Einige Frauen neben mir rafften sich mühsam auf und folgten den Befehlen. Unter ihnen muss auch Stella gewesen sein, denn ich erinnere mich undeutlich, dass sie sich von mir verabschiedete. Ich wollte ihre Hand nicht loslassen, hielt sie ganz fest, bis Stella behutsam meine Finger löste. Ich blieb liegen, hatte keine Kraft mehr zu reagieren. Dann war es auf einmal ganz still in der Baracke. Neben mir lagen noch einige Frauen, regungslos – sie waren tot. Niemand kümmerte sich um uns Zurückgebliebene. Die Toten wurden nicht begraben, die Todkranken sich selbst überlassen. Wir hatten weder etwas zu essen noch zu trinken, keiner war in der Lage aufzustehen und etwas zu besorgen. Ich träumte von Wassersuppe und altem Brot, bis mein Dämmerzustand in Bewusstlosigkeit überging.

9 Als sich die Front näherte, »evakuierten« die Deutschen im Januar 1945 über 50 000 Häftlinge aus den verschiedenen Lagern des KZ Auschwitz und trieben sie – meist zu Fuß – in frontfernere Lager. Wer nicht mehr weitergehen konnte, wurde am Wegesrand erschossen. Siehe hierzu auch die Einleitung.

Ich weiß heute nicht mehr, wie lange ich so dalag, doch irgendwann kam mir jemand zu Hilfe. Ob es ein Engel oder ein Mithäftling war, ich werde es niemals erfahren. Meine vom Fieber brennenden Lippen spürten eine Hand, die mich mit frischem kaltem Schnee fütterte. Der Schnee tat gut, er stillte meine Schmerzen. Für einen kurzen Moment öffnete ich die Augen, dann versank alles wieder im Dunkeln.

Als ich das nächste Mal das Bewusstsein wiedererlangte, leuchtete ein feuerroter Stern über mir. Als mein Blick langsam klarer wurde, erkannte ich einen russischen Soldaten mit einer wunderschönen runden Pelzmütze auf dem Kopf, der sich aufmunternd lächelnd über mich beugte. Ich war überrascht und erfreut über die menschliche Wärme in seinem Blick. Zaghaft versuchte ich zurückzulächeln.[10]

Befreit

Zusammen mit den anderen Überlebenden wurde ich in ein Lazarett gebracht,[11] wo ich in den folgenden Wochen gepflegt und versorgt wurde. Langsam erholte ich mich und kam wieder etwas zu Kräften. Als ich das erste Mal draußen spazieren gehen durfte, lag noch Schnee. Ich atmete die frische Schneeluft tief ein. Noch vor wenigen Wochen hatten mir der Schnee und die Kälte während der schrecklichen Appelle fast das Leben gekostet, jetzt konnte ich beides wieder genießen. Ich

10 Am 27. Januar 1945 wurde Auschwitz von der Roten Armee befreit.

11 Ein Großteil der etwa 650 in Auschwitz befreiten Kinder und Jugendlichen wurde von Sanitätseinheiten der Roten Armee, den Sektionen Oświęcim und Brzeszcze des Polnischen Roten Kreuzes und einer Freiwilligengruppe des Polnischen Roten Kreuzes aus Krakau betreut. 440 polnische, russische und jüdische Kinder und Jugendliche, deren Gesundheitszustand eine Krankenhausbetreuung erforderte, wurden in sowjetischen Militärlazaretten sowie dem Spital des Polnischen Roten Kreuzes aufgenommen, die auf dem Gelände des früheren Stammlagers errichtet wurden. 232 dieser Kinder waren unter 15 Jahre alt.

schöpfte langsam Hoffnung: Mein Leben würde weitergehen – ich war ja erst zwölfeinhalb Jahre alt.

Sobald die Pfleger es mir erlaubten, machte ich mich auf die Suche nach Stella. Immer wieder ging ich durch die Krankenbaracken, aber vergeblich. Vermutlich war sie mit den anderen Häftlingen »evakuiert« worden. Ob sie den Marsch überlebt hatte? Ich dachte viel an Stella, vermisste sie sehr, aber ich sollte nie erfahren, was aus meiner Retterin geworden ist.

Das Polnische Rote Kreuz versorgte uns gut, aber ich sehnte mich doch sehr danach, nach Hause zu meiner Familie zurückzukehren. Die Vertreter der Hilfsorganisationen, die immer wieder unsere Namen und unsere Herkunft notierten, versprachen uns, alles in ihren Kräften Stehende zu tun, uns so schnell wie möglich nach Hause zurückzubringen. Eines Tages stand ein eleganter Herr in gestreiftem Anzug, weißem Hemd und roter Krawatte vor mir. Er gehörte zu einer der Hilfsorganisationen, die immer wieder zu uns kamen. Er fragte mich nach meinem Alter, Geburtsort und wie meine Eltern hießen. Statt zu antworten, konnte ich ihn zunächst nur anstarren: Der Mann sah aus wie mein Vater. Die Gestalt, die Gesichtszüge und sogar seine Stimme erinnerten mich an ihn. Ganz plötzlich ergriff mich eine solche Sehnsucht, dass ich große Mühe hatte, seine Fragen zu beantworten.

Ende Februar brachte man uns dann von Auschwitz in ein Sammellager nach Kattowitz. Ich war froh, dass es nun endlich weiterging, und ich genoss die Zugfahrt in einem richtigen Abteil – nicht mehr in einem Viehwaggon, in dem wir wie die Tiere eingepfercht waren. Ich verbrachte einige Zeit in Kattowitz, bevor ich nach Czernowitz in ein ähnliches Lager kam. Dort traf ich Ilonka und Ági. Die beiden stammten ebenfalls aus Ungarn und sprachen mich eines Tages an, ob ich Hunger hätte. Ich bejahte. In dieser Zeit hatte ich ständig Hunger, egal wie viel ich gegessen hatte. Die beiden Frauen luden mich ein, sie in die Stadt zu begleiten. Wir durften das Lager tagsüber verlassen, und dies nutzten Ilonka und Ági ausgiebig, um zusätzliches Essen zu besorgen. Zwar wurden wir ausreichend mit Nahrungsmitteln und Kleidung versorgt, dennoch blieb unser Hunger unstillbar. Von nun an nahmen Ilonka und

Ági mich meistens mit auf ihre Beutezüge in der Stadt. Dort suchten wir uns immer neue Straßen aus und klingelten an den Wohnungstüren. Wenn geöffnet wurde, prüften wir zuerst das Gesicht unseres Gegenübers. Wirkte es freundlich, dann erzählten Ilonka oder Ági – manchmal auch ich – ein wenig über unser Schicksal und baten um etwas zu essen. Manche Leute reagierten ablehnend, aber die meisten packten uns etwas zusammen. An böse Gesichter kann ich mich nicht erinnern.

Nach einiger Zeit erzählte Ilonka mir, dass sie ihre beiden Kinder in Auschwitz verloren hatte. Sie waren ihr bei der Ankunft einfach weggenommen und auf die andere Seite gestellt worden. Sie hatte sie nicht wiedergesehen. Von Ilonka erfuhr ich auch etwas mehr über Auschwitz. Sie hatte in der Kleiderkammer arbeiten müssen, wo sie die Sachen der Angekommenen sortiert hatte: Schuhe, Taschen, Mützen, Kleider und auch viele Puppen und Teddys.

»Die Kindersachen«, sagte sie leise zu mir, »waren für mich das Schlimmste – ich habe immer meine Kinder vor mir gesehen und musste weinen, aber ich durfte ja keine Tränen zeigen.«

Wenn Ilonka erzählte, wurde Ági oft ungeduldig. »Hör auf, Ilonka!«, unterbrach sie sie dann. »Ich will nichts davon hören, sonst werde ich wahnsinnig. Ich will nie mehr über Auschwitz sprechen. Wir sollten nach vorne sehen.« Ich konnte Ági gut verstehen, eigentlich wollte ich auch nichts hören. Ich war sicher, dass ich Mama, Tamás und Papa in Budapest wiedersehen würde.

Im Lager erhielten wir Care-Pakete aus Amerika. Der Joint[12] schickte zum Beispiel Schokolade, Honigkuchen, Kekse, Ölsardinen, Nylonstrümpfe, Socken, Unterwäsche, Pullover, Windjacken, Schals und Mützen. Leider kamen keine Handschuhe, obwohl ich die sehr gut hätte gebrauchen können, da die Erfrierungen an meinen Händen immer noch schmerzten. Dafür bekam ich aber ein wunderschönes rotes Kleid. Es war mir schon beim Auspacken aufgefallen, und ich

12 American Jewish Joint Distribution Committee, eine seit 1914 in Europa tätige Hilfsorganisation amerikanischer Juden.

durfte es behalten. Es war zwar ein wenig zu weit, und der Gürtel fehlte, aber ich legte es vorsichtig beiseite und stellte mir vor, wie ich in diesem Kleid nach Hause kommen würde.

In besonders schöner Erinnerung habe ich auch die kulturellen Angebote im Lager. Russische und polnische Künstler studierten mit uns kleine Theaterstücke, Tänze und Lieder ein, die wir dann vortragen durften – meist vor den Delegationen internationaler Organisationen, die unser Lager besuchten. Ich nahm an allem teil, was angeboten wurde. Mit kindlicher Begeisterung genoss ich darüber hinaus das Marionettentheater und die Musikvorstellungen, die von Zeit zu Zeit aufgeführt wurden. Immer wenn ich die Plakate mit den Ankündigungen entdeckte, freute ich mich riesig.

Am 8. Mai erfuhren wir, dass Deutschland kapituliert hatte. Der Krieg war endgültig zu Ende.[13] Das hob die Stimmung im Lager für kurze Zeit, aber die Nachrichten über die Vernichtungslager und die unzähligen Ermordeten wurden immer häufiger. So verging der Sommer. Wir Überlebenden wurden ein ums andere Mal registriert, und endlich kam der Tag, an dem wir nach Hause fahren durften. Voller Vorfreude holte ich mein neues rotes Kleid hervor – ein Festkleid. Den fehlenden Gürtel ersetzte ich durch eine Kordel. Es war ganz gut, dass es ein wenig zu weit war, denn so versteckte es meinen nach wie vor aufgedunsenen Hungerbauch, der mir ziemlich unangenehm war. Dann ging es los: Ich bestieg den Zug in Richtung Budapest.

Nach Hause

Am späten Nachmittag des 18. September 1945 kam ich mit einer ganzen Gruppe von Überlebenden in Budapest an. Vor dem Bahnhof warteten Busse, die uns zum Sitz der Jüdischen Gemeinde am Betlen Tér

13 In Europa endete der Zweite Weltkrieg im Mai 1945, im pazifischen Raum erst Anfang September 1945 mit der Kapitulation Japans.

brachten. Wir wurden in das Gebäude gebracht, mit Namen aufgerufen und ein letztes Mal auf einer Liste angestrichen. Dann erhielten wir noch ein Proviantpaket, bevor die Angehörigen in den Raum gelassen wurden. Kaum war die Tür geöffnet, gab es ein ziemliches Durcheinander. Menschen strömten hinein, suchten in dem Gedränge nach ihren Angehörigen, fielen sich schluchzend in die Arme. Ich ging umher, konnte aber niemanden entdecken. Ich suchte nach meiner Mutter und meinem Bruder, vergeblich. Ich geriet fast schon in Panik, da hörte ich eine leise Stimme hinter mir: »Meine Évike!« Blitzschnell drehte ich mich um – und blickte in das Gesicht von Onkel Imre. Ich fiel dem Bruder meines Vaters um den Hals. Wir weinten beide vor Freude und Schmerz. Es dauerte eine ganze Weile, bis er sprechen konnte und mir mitteilte, dass wir jetzt zu ihm nach Hause gehen würden. Dort würde Tante Olga, seine Frau, schon auf uns warten. Mir blieb kaum Zeit, mich von meinen Schicksalsgenossinnen zu verabschieden. Ági und Ilonka waren ebenfalls mit nach Budapest gekommen, aber jeder brannte darauf, sich wieder seinem alten Leben zuzuwenden.

Onkel Imre hatte bereits vor meiner Ankunft erfahren, dass ich überlebt hatte. Er war jeden Tag zur jüdischen Gemeinde in Budapest gegangen und hatte sich nach dem Verbleib seiner Familienangehörigen erkundigt. Auf einer der Listen, die aus den Sammellagern weitergegeben worden waren, hatte er meinen Namen entdeckt.

Jetzt saßen wir in einem Taxi und fuhren zu seiner und Olgas Wohnung in der Népszinház Utca (Volkstheaterstraße). Auf der Fahrt sprachen wir nur wenig. Ich traute mich nicht, nach meinen Eltern oder Tamás zu fragen. Es war wie eine stillschweigende Vereinbarung, die wichtigsten Dinge vorerst nicht auszusprechen. Als der Fahrer vor dem Haus Nr. 47 hielt, sprang ich – das Proviantpaket in der Hand – aus dem Auto, lief durch das Tor in den Innenhof und hastete die Treppe in den ersten Stock hinauf. Einen Augenblick lang blieb ich vor der Wohnungstür stehen, die nur angelehnt war. Mein Puls raste. Vielleicht warteten dort Mama und Tamás auf mich? Vielleicht wollte Onkel Imre mich mit ihrer Anwesenheit überraschen? Bevor ich voller

Erwartung vorsichtig die Tür aufdrückte, musste ich heftig schlucken und tief durchatmen. Meine Gedanken kreisten nur um den Wunsch, meine Familie wiedersehen zu wollen.

Dann betrat ich den Flur. Tante Olga, die mich offenbar gehört hatte, kam mir entgegen und schloss mich in ihre Arme. Als sie mich losließ, schob mich Onkel Imre, der inzwischen nachgekommen war, vorsichtig ins Wohnzimmer. Ganz benommen schaute ich mich um: Es war ihre alte Wohnung, die ich von meinen vielen Besuchen vor meiner Flucht so gut kannte. Die Stummheit holte mich wieder ein. Ich brachte kein Wort heraus. Meine Augen wanderten durchs Zimmer, ich suchte in jedem Winkel nach etwas Vertrautem, etwas aus meinem früheren Leben, etwas, das zu mir gehört hatte und das mich nun willkommen hieß. Ich freute mich über die mir bekannten Möbel ... und zuckte zusammen. In der hintersten Ecke des Raumes entdeckte ich Tante Etel. Bilder von dem Hof meiner Großeltern in Pesterzsébet schossen mir durch den Kopf, wo ich mit ihren Töchtern Vera und Zsuzsi gespielt hatte. Die Schwester meines Vaters konnte nicht aufstehen, denn sie hatte eine offene Wunde am Bein. Aber ich sprang voller Freude auf sie zu und fiel in ihre Arme. Sie drückte mich ganz fest an sich. Als ich ihr nach einer Weile in die Augen schaute, las sie meine unausgesprochenen Fragen: Wo sind meine Eltern und mein Bruder? Und wo sind Vera und Zsuzsi?

Da füllten sich Tante Etels Augen mit Tränen, und sie schüttelte den Kopf. »Ab jetzt bist du mein Kind. Gott soll mir helfen, dir all meine Liebe zu geben.« Sie zog mich wieder an sich, und mich durchzuckte die Erinnerung an den Abschied von meiner Mutter: Gerade so hatte sie mich in den Armen gehalten und an sich gedrückt, als sie mich mit Tränen in den Augen mit Tante Piri gehen ließ.

Währenddessen hatte Tante Olga eine heiße Suppe auf den Tisch gestellt. Onkel Imre bat uns zu Tisch und half Etel aufzustehen. Nach dem Essen wandte er sich zögernd an mich. »Mein kleines Mädchen«, begann er mit gequälter Stimme und stockte dann wieder. Mit hilflosen Worten versuchte er mir mitzuteilen, dass er alles versucht habe, um etwas über den Verbleib meiner Eltern und meines Bruders in

Erfahrung zu bringen. Alle Bemühungen seien vergeblich gewesen, aber wir dürften die Hoffnung nicht aufgeben. Keiner traute sich, etwas darauf zu sagen, keiner stellte weitere Fragen. Das, worüber man hätte sprechen müssen und woran doch alle dachten, ließ sich nicht aussprechen – nicht jetzt bei Tisch und für lange Zeit überhaupt nicht.

Doch immerhin erfuhr ich an diesem Abend, wie Onkel Imre und Tante Olga ihr Leben retten konnten. Sie hatten nach dem deutschen Einmarsch alle Wertsachen abgeben und im Sommer 1944 ihre Wohnung in der Népszinház Utca verlassen müssen. Die Budapester Juden waren gezwungen worden, in bestimmte, mit einem gelben Stern gekennzeichnete Häuser zu ziehen. Dort hatten Tante Olga und Onkel Imre eine relativ sichere Zeit gehabt. Sie gehörten sogar zu denjenigen, die es geschafft hatten, einen der Schutzbriefe Raoul Wallenbergs zu erhalten. Als jedoch Mitte Oktober Ferenc Szálasi an die Macht gekommen war und die Deportationen wieder einsetzten, waren sie mit einer großen Gruppe von Budapester Juden zu Fuß in Richtung deutscher Grenze getrieben worden. Dank ihres Schutzbriefes konnten sie jedoch nach Budapest zurückkehren,[14] wo sie das Kriegsende erlebten. Nach dem Krieg waren sie in ihre alte, weitgehend unversehrte Wohnung zurückgekehrt.

Die weiteren Gespräche des Abends drehten sich um die Frage, wie unser Leben weitergehen sollte. Onkel Imre sagte mir, dass ich ab jetzt bei ihnen wohnen würde. Tante Olga wollte am nächsten Morgen mit mir zu einer Mittelschule gehen, die in der Nähe lag, um mich dort anzumelden. Die beiden boten Tante Etel und mir an, uns ihr Schlafzimmer zu überlassen, sie selbst könnten im Wohnzimmer schlafen. Es war schon sehr spät, als wir uns alle eine gute Nacht wünschten und

14 Nach den massenhaften Deportationen unternahmen Vertreter neutraler Staaten, vor allem der schwedische Diplomat Raoul Wallenberg und Carl Lutz von der Schweizer Botschaft, vielfältige Rettungsversuche. Wallenberg begleitete unter anderem den Konvoi, mit dem Juden in Richtung Grenze getrieben wurden, und erwirkte die Freilassung Hunderter Personen, die zuvor mit schwedischen »Schutzpässen« ausgestattet worden waren. Er brachte sie nach Budapest zurück, wo viele von ihnen überlebten.

Tante Etel und ich uns ins Schlafzimmer zurückzogen. Kaum lagen wir in dem großen Doppelbett, suchte Etel meine Hand und hielt sie ganz fest. Obwohl ich ihre Wärme und Liebe spürte, konnte ich ebenso wie sie nicht einschlafen. Irgendwann begann meine Tante zögernd mir zu erzählen, dass sie und ihr Mann Károly zusammen mit ihren Töchtern Vera und Zsuzsi zusammen nach Auschwitz deportiert worden waren. Direkt nach der Ankunft waren die drei von Etel getrennt worden, sie hatte sie nie mehr wiedergesehen. Sie selbst war der Gruppe der sogenannten Arbeitsfähigen zugeteilt und bald darauf in das Konzentrationslager Ravensbrück verschleppt worden. Dort hatte man sie unter erniedrigenden Umständen zu schwerer Arbeit gezwungen, und dort hatte sie sich auch am Bein verletzt. Das alles berichtete Tante Etel nur in groben Zügen. Als sie ihren Bericht beendet hatte, trat Stille ein.

Meine Gedanken wanderten zu meinen Eltern, zu meinem Bruder – ich wollte sie gerne so in Erinnerung behalten, wie ich sie das letzte Mal gesehen hatte. Da fiel mir ein, wie meine Mutter mir manchmal schöne Volkslieder vorgesungen hatte. Ich konnte fast ihre Stimme hören …

Szeressük egymást, gyerekek,
a sziv a legszebb kincs!
Ennél szebb szó, hogy szeretet,
a nagy világon nincs.
Az élet úgyis tovaszáll,
a sir magába zár.
Szeressük egymást, gyerekek
mert minden percért kár.

Kinder, wir sollen uns lieben,
Das Herz ist der größte Schatz!
Es gibt nichts Schöneres auf der ganzen Welt
als dieses Wort, das Liebe heißt.
Das Leben verfliegt sowieso,
das Grab schließt alles ein.
Drum Kinder lasst uns lieben,
es ist schade um die Zeit.

Die Angst, Mama, Papa und Tamás nie mehr wiederzusehen und ab jetzt mein Leben ohne sie meistern zu müssen, quälte mich furchtbar. Und dennoch wollte und konnte ich meine Hoffnung nicht aufgeben. Es sollte noch Jahre dauern, bis ich mir eingestand, dass ich sie für immer verloren hatte. Eine insgeheime Hoffnung blieb Jahrzehnte.

Aber in dieser ersten Nacht in Budapest beschloss ich, keine Fragen über das Schicksal meiner Familie zu stellen. Ich wollte nie mehr darüber sprechen, mir noch nicht einmal vorstellen, wie es ihnen ergangen sein könnte. Ich verdrängte auch meine eigene Vergangenheit, verschloss sie in meinem Inneren. Tante Etel muss ähnliche Gefühle gehabt haben, denn auch sie sprach nie mehr über ihre Erlebnisse. Doch unser Schweigen fiel weder uns selbst noch anderen besonders auf – vielleicht, weil uns der Alltag so in Beschlag nahm.

Mein »neues« Leben in Budapest

Am Morgen nach meiner Rückkehr weckte mich Tante Etel behutsam. Trotz aller Trauer und Unsicherheit durchströmten mich Wärme und Geborgenheit – Gefühle, die ich so lange vermisst hatte. Ich nahm mein neues Zuhause in mich auf: Hier, im ersten Stock des Hauses Népszinház Utca 47 würde also mein neues Leben beginnen. Etel hatte bereits eine Arbeit gefunden. Sie kochte jeden Tag von morgens um sieben bis nachmittags um drei in einer Großküche. Tante Olga stand die ganze Woche bis sechs Uhr abends in einem kleinen Textilgeschäft hinter der Kasse, und Onkel Imre arbeitete in einem Laden für Herrenausstattung. Und auch mich holte bald die Routine ein: Das Schuljahr hatte bereits begonnen, sodass ich nach der Anmeldung gleich in der Schule blieb. Meine zukünftigen Klassenkameraden und meine Lehrerin Jozsefné Ispanki empfingen mich sehr freundlich, und ich freute mich sehr, wieder zur Schule zu gehen. Wenn ich nach dem Unterricht nach Hause kam – Tante Olga hatte mir einen eigenen Wohnungsschlüssel gegeben – zündete ich den vorbereiteten Kachelofen an und wärmte mein Essen auf. Danach erledigte ich meine Hausaufgaben.

Ich fand schnell neue Freunde. Gleich an meinem ersten Wochenende stellte mir Tante Olga zunächst einmal alle unsere Nachbarn vor. Das junge Ehepaar Sugar lebte mit ihrer Tochter Judith direkt neben uns. Judith war acht Jahre alt. Ich fand sie außergewöhnlich schön und bewunderte ihre langen, dicken Zöpfe. Ich konnte meine Augen gar nicht von ihr lassen. Bald ging ich in jeder freien Minute zu ihr, um ihr ausgiebig die Haare zu bürsten und zu flechten – wie es meine Mutter bei mir gemacht hatte. Judiths Haare erinnerten mich an meine eigenen Zöpfe, die ich immer noch schmerzlich vermisste, auch wenn ich als angehende Jugendliche gar keine mehr tragen wollte. Aber ich wünschte mir für später eine kleine Tochter mit dicken Zöpfen.

Bei uns im Haus wohnte noch ein weiteres nettes Ehepaar mit zwei wilden Jungen in meinem Alter. Im zweiten Stock, schräg über uns wohnte eine der beiden Schwestern von Tante Olga, Ilonka, mit ihrem Sohn Dezső. Die beiden besuchten uns oft.

Dennoch fiel mir das Einleben schwer. Mein 13. Geburtstag, den ich elf Tage nach meiner Rückkehr nach Budapest feierte, ist mir in trauriger Erinnerung geblieben. Tante Etel gab sich zwar alle Mühe, sie brachte nachmittags sogar eine Torte mit. Tante Olga und Onkel Imre gratulierten mir nach dem Abendessen und schenkten mir eine große Tafel Schokolade und ein Poesie-Album, in das mein Onkel den Text geschrieben hatte: »Als kleines Mädchen musstest du die grausamsten und traurigsten Seiten des Lebens kennenlernen. Gebe Gott, dass du in Zukunft die schönste Seite des Lebens erleben darfst, nach der sich jeder Mensch sehnt: das Glück.« Ich freute mich über ihre Aufmerksamkeit, aber ich vermisste einen richtigen Kindergeburtstag. Als ich abends im Bett lag, dachte ich noch lange sehnsüchtig an mein letztes Geburtstagsfest mit meiner Mutter, das nun schon zwei Jahre zurücklag. Die Feier zu meinem elften Geburtstag war zwar schon etwas bescheidener gewesen als frühere Feste, aber doch wunderschön. Unsere kleine Familie – Mama, der damals siebenjährige Tamás, Tante Piri und ich – saß mit unserer Nachbarin Frau Kowács und ihrer Tochter Maria an unserem Tisch zusammen. Mama hatte eine wunderschöne Schokoladentorte gebacken, auf der zwölf Kerzen brannten: elf für mein Lebensalter und eine für das kommende Jahr. Alle sangen ein Geburtstagslied, und ich war so glücklich, obwohl ich damals meinen Vater sehr vermisste. Das alles schien schon so lange her zu sein.

Kurz nach meinem 13. Geburtstag bat ich Onkel Imre, mit mir zu unserem alten Haus in Pesterzsébet zu fahren. Den Gefallen tat er mir gerne. An einem Sonntagmorgen machten wir uns mit der Straßenbahn auf den Weg. Ich war ganz aufgeregt. Unter anderem hoffte ich auch, Familie Kowács zu treffen, die Tante Piri und mir für unsere Flucht ihre Papiere geliehen hatte. Frau Kowács war immer eine enge Freundin meiner Mutter gewesen, und insgeheim hoffte ich, von ihr etwas über meine Eltern und Tamás zu erfahren.

Onkel Imre und Tante Olga, etwa 1948

Als Onkel Imre und ich ankamen, ging ich zuerst zur Pumpe, die wie unverändert gegenüber dem Haus meiner Eltern stand. Das Haus selbst gehörte inzwischen dem Staat. Später bekam ich eine kleinere Geldsumme dafür, die Onkel Imre für mich beiseite legte. Jetzt wohnten dort uns unbekannte Mieter. Die Pumpe löste viele Erinnerungen in mir aus. Ich blieb eine ganze Weile dort, ehe ich mich aufraffen konnte, mit meinem Onkel zum Haus unserer früheren Nachbarn zu gehen. Erfreut stellten wir fest, dass Frau Kowács immer noch in ihrer alten

Wohnung lebte. Wir klingelten und warteten gespannt. Als sie die Wohnungstür öffnete, starrte sie mich ungläubig an und rührte sich einen langen Augenblick nicht vom Fleck. Dann stotterte sie: »Évike, ich hätte ja nie damit gerechnet, einen von euch wiederzusehen.«

Ich wartete, aber sie bat uns nicht herein, und ich war ziemlich verwirrt, wieso sie sich so komisch verhielt. Bis ich zufällig einen Blick durch die geöffnete Wohnzimmertür warf und erstaunt feststellte, dass dort unsere alte Wohnzimmergarnitur stand. Sofort schossen mir Bilder von den Schlafzimmermöbeln meiner Eltern durch den Kopf, und ich befürchtete, dass auch sie hier sein könnten. Frau Kowács bemerkte meinen Blick, aber noch bevor ich etwas sagen konnte, versicherte sie mir hastig: »Die Möbel habe ich deiner Mutter abgekauft! Ich habe alles rechtmäßig erworben!« Wut und Zorn überschwemmten mich. Ich brachte kein Wort heraus. Mein Onkel, der genau wie ich spürte, dass Frau Kowács nicht die Wahrheit sagte, nahm mich bei der Hand und forderte mich auf: »Komm, wir gehen.« Wortlos verließen wir das Haus, und auch auf der ganzen Rückfahrt sprachen wir kaum ein Wort miteinander, so fassungslos waren wir.

Am nächsten Morgen klingelte das Telefon. Onkel Imre ging ran, und ich konnte am anderen Ende die aufgeregte Stimme von Frau Kowács hören. Sie schrie so laut, dass ich ihre Worte verstehen konnte: »Ich habe heute Nacht von Évas Mutter geträumt. Das war furchtbar!« Sie bat Onkel Imre, sofort zu ihr zu kommen, sie wolle ihm etwas geben. Noch am selben Nachmittag fuhr mein Onkel wieder nach Pesterzsébet, diesmal ohne mich.

Als er zurückkam, gab er mir ein großes, braunes Kuvert mit den Worten: »Ich habe dir etwas Schönes mitgebracht.« Ich konnte kaum erwarten, es zu öffnen. Hastig riss ich den Umschlag auf und zog einen in Zeitungspapier gewickelten Gegenstand heraus, den ich vorsichtig auspackte. Staunend blickte ich auf einen ganzen Stapel von Familienfotos: meine Eltern … ihr Hochzeitsbild … Tamás und ich als Kleinkinder … und viele andere Fotos von Verwandten. Selbst das Bild meines Vaters, das ich am Tag meiner Flucht zum Abschied geküsst hatte, war darunter. Wie wunderbar! Ich saß lange da, schaute sie ein ums andere Mal an. Diese Fotos wurden für mich eine Erinnerung von unschätzbarem Wert, ein Schatz, den ich wie meinen Augapfel hütete. Ich behielt die Bilder in meinem zukünftigen Leben immer bei mir. Ich war Frau Kowács sehr dankbar, dass sie sie mir wiedergegeben hatte, sodass mein Ärger über sie etwas in den Hintergrund trat, dennoch wollte ich unsere frühere Nachbarin nicht mehr sehen.

Eva, etwa 1948

Das Leben nach dem Krieg war nicht einfach. Es gab wenig Lebensmittel, und diese nur auf Marken. Das Brot, das ausgegeben wurde, war sehr schwer und klebrig. Ich war in der Familie die Einzige, die es gerne aß, ja sogar ganz scharf darauf war. Vielleicht lag es ja an den Erinnerungen an die Wassersuppe und den ständigen Hunger in Auschwitz, aber ich hatte das Gefühl, dass das schwere Brot ganz schnell satt machte – und dafür liebte ich es.

Meine freie Zeit verbrachte ich oft mit Tante Etel. Wenn sie spätestens um 16 Uhr von der Arbeit nach Hause zurückkam, unternahmen wir oft etwas zusammen. Manchmal gingen wir in eine wunderschöne Konditorei in Pest mit Aussicht auf die Donau und Buda. Während ich das Treiben auf der Kettenbrücke beobachtete, genoss ich die feinen

Schokoladentorten und den Kakao mit Schlagsahne, denn bald gab es solche feinen Sachen wieder. Oder wir gingen ins Kino. Am liebsten schaute ich mir die Tarzanfilme mit Johnny Weissmüller an. Tante Etel verwöhnte mich, als ob ich ihre eigene Tochter wäre. Vielleicht versuchte sie so, ihr Unglück ein Stück weit zu vergessen. Sie kaufte mir fast alles, was ich mir wünschte. Sie hätte ihren letzten Forint[15] für mich ausgegeben, aber das konnte ich natürlich nicht zulassen.

Tante Etels Verhalten führte zu Konflikten mit Tante Olga, die eine eher strenge Person war. Mir war schon länger aufgefallen, dass Olga es missfiel, wie ihre Schwägerin mich verwöhnte. Als wir eines Abends erst sehr spät zurückkehrten, empfing sie uns mit Vorwürfen. Sie meinte, ich sollte besser zu Hause bleiben, lernen und arbeiten. An diesem Abend kam es zwischen Olga und Etel zu einer heftigen Auseinandersetzung, an deren Ende Etel um des Friedens willen einlenkte. Wir verlegten unsere Unternehmungen auf den Samstagvormittag – an diesem Tag hatte Etel frei, während Onkel Imre und Tante Olga bis 14 Uhr arbeiten mussten – und auf die Sonntage. Damit konnte Olga sich arrangieren, aber ein richtig inniges Verhältnis entwickelte sich zwischen mir und ihr nie. Meine Ausflüge mit Tante Etel genoss ich etwa zwei Jahre, nach meinem 15. Geburtstag zog ich es jedoch meistens vor, mit meinen Freundinnen auszugehen.

Meine Freundin Valery

Im Spätsommer 1948 bekam ich eine neue Mitschülerin. Ihr Name war Valery – genau wie der meiner Mutter. Wir waren die besten Schülerinnen in der Klasse. Es dauerte eine Weile, aber als wir uns näher kennenlernten, entstand eine wunderbare Freundschaft zwischen uns. Valery wurde meine Vertraute, mit ihr teilte ich all meine kleinen und größeren Alltagssorgen – aber über das Vergangene sprachen wir nie. Sie

15 Ungarische Währung.

wusste zwar, dass ich keine Eltern mehr hatte und bei Onkel und Tante wohnte, die selbst kinderlos waren, und natürlich kannte sie auch die tätowierte Nummer auf meinem Arm. Ich hatte mir zwar angewöhnt, meistens langärmelige Blusen anzuziehen oder meinen Arm ständig so zu halten, dass die Innenseite nicht zu sehen war. Auch benutzte ich im Sommer Puder, um die Nummer zu verdecken, aber einer Freundin kann man das nicht verbergen. Valery bekam auch mit, dass ich jeden Winter schlimme Probleme mit meinen Händen hatte: Sobald es kalt wurde, platzte meine Haut auf. Keine Handschuhe, keine Creme half – eine Folge meiner Erfrierungen in Auschwitz. Dennoch hat meine Freundin mich nie gedrängt zu erzählen. Es war, als ob zwischen dem Jetzt und dem Krieg eine Wand stand. Wir blickten nicht zurück.

Eines Tages kam Valery zu mir und fragte mich, ob ich nicht Lust hätte, mit ihr zusammen an einer offiziellen Tanzgruppe teilzunehmen. Ich war begeistert. Weil Tante Olga in der letzten Zeit mit mir zufrieden gewesen war, erlaubte sie mir mitzugehen. Schon am nächsten Tag meldeten wir uns an und gingen von nun an zwei Mal die Woche zum Tanzunterricht und einmal zum Chor, um ungarische und russische Volkstänze und Lieder einzustudieren. Es machte uns riesigen Spaß.

Am 1. Mai 1949 hatten wir unseren ersten großen Auftritt. Eine Festparade zum Tag der Arbeit war vorbereitet worden, an der auch unsere Tanzgruppe teilnehmen durfte. Auf dem Heldenplatz in Budapest war eine riesige Tribüne für die Prominenz aufgebaut worden, an der wir nun in wunderschönen Trachtenkostümen vorbeizogen: in weißen Blusen mit Puffärmeln, darüber eine rote Weste mit goldenen Knöpfen, einem weiten Rock, der mit roten, weißen und grünen Bändern, den ungarischen Farben, geschmückt war, sowie einer mit Perlen bestickten Atlasschürze. Unsere Köpfe waren mit einem »Kronrand« aus rotem Samt geschmückt, von dem zu beiden Seiten ebenfalls rote, weiße und grüne Bänder herabhingen. Ich war mächtig stolz, dass ich mit dem Tanzlehrer und seiner Frau ganz vorne in der ersten Reihe marschieren durfte. Wir ernteten großen Applaus für unsere Tänze und Lieder. An diesem Abend waren wir zwar erschöpft, aber sehr glücklich.

Eva mit ihrem Tanzlehrer und dessen Frau auf der 1.-Mai-Parade in Budapest, 1949

In diesem Sommer hatten wir noch einen großen Auftritt – bei der Abschiedsfeier in unserer Schule, die Valery und ich nun verließen. Das Fest war sehr schön, aber ich spürte auch ein bisschen Traurigkeit. Die vier Jahre auf der Mittelschule hatten mir sehr geholfen, wieder ins Leben zurückzufinden. Gerade die Regelmäßigkeit meines Tagesablaufs verlieh mir Sicherheit und Stabilität, und nette Lehrer und Mitschüler sorgten dafür, dass ich mich dort immer wohlfühlte. Ich bemühte mich ständig, nach vorne zu schauen, mich nicht von meinen Erinnerungen einholen zu lassen. Doch so ganz gelang mir das nicht. Jahrelang hatte ich völlig überraschend Weinkrämpfe. Nachts plagten mich häufig Albträume. Oft träumte ich von Welityel … Manchmal auch davon, dass Tante Piri und ich von Scheinwerfern erfasst und ins Gefängnis geworfen würden. Dann erschien meine Mutter im Traum und sagte zu mir: »Du brauchst keine Angst zu haben. Ich komme schon …« Manchmal weckte Tante Etel mich, wenn ich laut geschrien hatte. Solche Nächte waren schlimm.

Beruf und erste Liebe

Ich hätte gerne noch länger eine Schule besucht, aber Tante Olga bestand darauf, dass ich mit der Mittleren Reife abging und schnellstens einen Beruf erlernte. Noch vor dem Ende des Schuljahrs hatte sie für mich eine Lehrstelle gefunden. Ich sollte bei Frau Werner zur Schneiderin ausgebildet werden und musste mich dort nach dem Ende des Schuljahrs unverzüglich vorstellen. Meine neue Chefin führte einen vornehmen Salon, in dem sich viele Prominente ihre Abendgarderobe schneidern ließen. Das schöne, mit antiken Möbeln eingerichtete Geschäft lag im Herzen Budapests. Ich hörte gleich am Anfang, dass diejenigen, die in diesem Haus gelernt und alle Schneiderprüfungen bestanden hatten, als Expertinnen galten. Ich freute mich, bei ihr zu lernen und zu arbeiten, auch wenn ich insgeheim bedauerte, dass ich meinen eigentlichen Berufswunsch – Schauspielerin – nicht verfolgen konnte. Ich bestand meine Probezeit erstaunlich gut und fühlte mich auf meiner Lehrstelle bald sehr wohl: Frau Werner und ihre 19 Mitarbeiterinnen waren immer sehr freundlich und hilfsbereit.

Eines Tages erhielt ich den Auftrag, der bekannten Schauspielerin Berta Türk[16] zwei neue Kleider zu liefern. Unser Salon entwarf und nähte ihre gesamte Garderobe, und ich sollte mich ganz besonders beeilen, da sie am selben Abend noch einen großen Auftritt hatte. Ich beeilte mich also, zur Metro zu gehen, und genoss den kleinen Ausflug in der Spätnachmittagssonne. In der Bahn stellte ich mich in die Nähe der Tür. Ich musste mich sehr strecken, damit die kostbaren, in Stoff gehüllten Kleider nicht über den Boden schleiften.

Nach kurzer Zeit sprach mich ein junger Mann an und schlug vor, die Kleider oben an die Griffstange zu hängen. Nach dem ersten Schreck, angesprochen zu werden, antwortete ich schnell: »Leider bin ich nicht groß genug, ich komme da gar nicht ran.« Da nahm er mir lächelnd die

16 Berta Türk spielte in den Filmen »Te Csak Pipálj Ladányi« (1938) und »Hazugság Nékül« (1946).

Kleider aus der Hand und hängte sie auf. Ich war sehr erleichtert, und auch er schien sehr zufrieden. Ich sagte ihm, dass ich an der Arady-Straße aussteigen müsste, und er antwortete: »Das ist schön, ich auch. Übrigens: Ich heiße Bandi.« Das war eine Koseform des ungarischen Namen Andor. Ich zögerte kurz, dann sagte ich: »Mich nennt man Évike.« Als der Zug in die Station einfuhr, nahm Bandi vorsichtig die beiden Kleider von der Griffstange, stieg gemeinsam mit mir aus und trug die kostbaren Stücke für mich fast bis zur Haustür von Berta Türks Wohnung. Unterwegs erzählte er, dass er Kürschner sei, also Mäntel aus Fellen anfertigte. Erst ein Jahr zuvor, im Juli 1948, sei er aus russischer Kriegsgefangenschaft nach Budapest zurückgekehrt. So erfuhr ich, dass er doch älter war, als ich ihn auf den ersten Blick geschätzt hatte, nämlich schon 27 Jahre – zehn Jahre älter als ich. Dennoch war er mir sehr sympathisch, weshalb ich ihm unbedingt eine heikle Frage stellen musste: »Welcher Religion gehören Sie an?« Bedauerlicherweise antwortete er, dass er römisch-katholisch sei. Tante Olga würde es mir bestimmt nicht erlauben, mit einem nichtjüdischen Mann auszugehen, schoss es mir durch den Kopf. Das sagte ich meiner neuen Bekanntschaft auch.

In diesem Augenblick hatten wir den sehr schönen und gepflegten Altbau erreicht, in dem Berta Türk wohnte. Ich nahm die Kleider und ging hinein. Ich musste in eine der oberen Etagen und hätte den Fahrstuhl nehmen können, aber seit meiner Rückkehr konnte ich es in so engen Räumen nicht mehr aushalten, ohne Panikattacken zu bekommen. Das ist heute noch so: Selbst wenn ich in den vierten Stock muss, nehme ich lieber die Treppe. Also stieg ich die alte Holztreppe hinauf, ganz aufgeregt, so einer berühmten Person von Angesicht zu Angesicht gegenüberzustehen. Eine Bedienstete öffnete mir die Tür und ließ mich eintreten. Berta Türk begrüßte mich und bedankte sich freundlich für die Lieferung – dann war ich auch schon wieder draußen, und dennoch tief beeindruckt von der kurzen Begegnung.

Als ich wieder auf die Straße trat, stand Bandi immer noch dort. Er hatte auf mich gewartet und schlug vor, ein bisschen zusammen spazieren zu gehen. Ich willigte gerne ein, und so schlenderten wir durch die Stadt. Wir redeten über dieses und jenes, er erzählte von sich und seiner Familie, doch als er mich über meine Familie und mein Leben ausfragte, wurde ich ganz zugeknöpft. Kurz angebunden teilte ich ihm mit, dass ich 1945 aus Auschwitz zurückgekommen sei und weder meine Eltern noch meinen Bruder wiedergefunden hätte, aber darüber wolle ich nicht sprechen. Bandi akzeptierte das, war selbst aber ganz mitteilsam. Als er erzählte, dass er zum Arbeitseinsatz eingezogen worden war, stutzte ich. Dann war er also doch Jude? Es verwunderte mich nicht besonders, dass er dies nicht zugegeben hatte. Nach dem Krieg war es in Ungarn nicht üblich, seinen jüdischen Hintergrund zu erwähnen. Viele Juden magyarisierten sogar ihre Namen, weil es als vorteilhaft galt, einen ungarischen Namen zu tragen. Auch Tante Olga und Onkel Imre hatten ihren geändert: von Diamant zu Hegedűs. Ich aber wollte den Namen meiner ermordeten Eltern behalten. Später erfuhr ich, dass Bandi seinen Namen Schwarcz ebenfalls geändert hatte, er hieß nun Szepesi. Als wir uns an diesem Abend voneinander verabschiedeten, schaute er mir tief in die Augen und fragte: »Darf ich Sie bald wiedersehen?« Und zwinkernd fügte er hinzu: »Ich werde auch ganz brav sein und nie mehr Unwahrheiten erzählen.« Da war ich ganz sicher, dass er Jude war. Mit Herzklopfen und einem feuerroten Kopf gab ich ihm zu verstehen, dass wir uns dann ja ohne Probleme verabreden könnten. Als ich in die Straßenbahn einstieg, flüsterte er mir ins Ohr: »Évike, du gefällst mir – mit und ohne Religion.«

Doch unser erstes Rendezvous, das wir für die kommende Woche verabredet hatten, fiel buchstäblich ins Wasser: Es tobte solch ein Unwetter über Budapest, dass wir beide das Haus nicht verlassen konnten. Doch zum Glück traf ich Bandi einige Tage später zufällig vor dem Laden, in dem er arbeitete. Er war überglücklich, und wir verabredeten uns für Ostersamstag, 14 Uhr vor dem Opernhaus, um gemeinsam ins Kino zu gehen.

Zu Hause erzählte ich zunächst nichts von meiner neuen Bekanntschaft – im Gegensatz zu Bandi. Sein erster Satz zu seiner Mutter war, wie ich viel später erfuhr: »Anyuka, ich glaube, ich habe endlich das

Mädchen gefunden, nach dem ich schon so lange suche.« Aber letztlich konnte auch ich mein Geheimnis nicht lange für mich behalten. Am Samstagvormittag wartete ich, wie jede Woche, auf den Eismann, einen feschen jungen Mann namens Laci. Mit seiner schönen und kräftigen Stimme hielt er sämtliche Frauen der Népszinház Utca in Atem, die sich jede Woche bei ihm mit frischen Eiswürfeln eindeckten. Schon von Weitem hörte ich seinen Ruf: »Eisblöcke!«, »Eis für euren Kühlschrank!« Wie immer schnappte ich mir den Henkeltopf und eilte hinunter.

»Guten Morgen, junges Fräulein«, begrüßte er mich, »wie viel darf's denn heute sein?«

»Wie letzten Samstag«, antwortete ich. Geschickt schlug er die Eisstücke mit dem Pickel ab, fing sie mit meinem Behälter auf und gab sie mir. Beim Abschied merkte ich, wie er hinter mir herschaute – und das gefiel mir.

Während ich gut gelaunt oben in der Wohnung das Eis in den Kühlschrank füllte, hörte ich durchs offene Fenster schon den Lumpensammler: »Kommt Mädchen und Frauen, kommt herunter!«, »Gut erhaltene Röcke, Blusen, Hosen!«

Der Mann fuhr mit seiner Karre durch die Straßen, kaufte und verkaufte gebrauchte Kleider. Glücklicherweise waren wir durch die Pakete der jüdischen Hilfsorganisationen gut mit Kleidung versorgt, Geld für irgendwelche Extras hatten wir nämlich keines übrig.

»Jetzt fehlt nur noch der Scherenschleifer«, scherzte ich mit Tante Etel, die in der Küche arbeitete. Sie war damit beschäftigt, dass Essen vorzubereiten, da Tante Olga und Onkel Imre bald nach Hause kommen würden. Bandi ging mir die ganze Zeit nicht aus dem Kopf, und eigentlich wollte ich das Alleinsein mit Etel nutzen, um ihr von meinem neuen Freund zu erzählen. Also ging ich zu ihr und nahm sie in den Arm. »Tante Etel, ich möchte dir etwas anvertrauen«, wagte ich mich zögernd vor. Nach einigem Herumdrucksen gestand ich ihr, dass ich einen jungen Mann kennengelernt hatte. »Ich glaube, ich bin verliebt«, gab ich zu, fügte jedoch schnell hinzu: »Aber erzähl noch niemandem davon.«

Tante Etel schaute mich liebevoll an und versicherte: »Von mir erfährt keiner etwas. Aber pass auf, Évike, es muss schon der Richtige sein.«

Andor und Eva, 1950

Ich erzählte ihr alles, was ich von Bandi wusste, und auch von unserer Verabredung vor dem Opernhaus. Als Tante Etel augenzwinkernd meinte, sie würde »meinen Bandi« gerne kennenlernen, war ich überglücklich.

Die nächste Woche kam mir so unglaublich lang vor. Die Stunden wollten und wollten nicht vergehen. Sehnsüchtig wartete ich auf den Samstag. Ich war so aufgeregt und glücklich, dass ich sogar Tante Olga etwas von unserem Rendezvous erzählte. Endlich war es so weit. Am Samstagmittag musste ich noch etwas ausliefern, dann beeilte ich mich, zum Opernhaus zu gehen. Atemlos und mit einem Kleiderbügel in der Hand traf ich einige Minuten zu spät ein, Bandi wartete schon auf mich. Ich bat ihn, noch kurz mit mir nach Hause zu kommen und unten zu warten, während ich den Bügel wegbringen und mich noch schnell umziehen würde.

Doch so schnell, wie ich dachte, klappte das nicht. Kaum war ich durch die Tür, fing Tante Olga eine Diskussion an. »Wie stellst du dir das vor? Mit einem wildfremden Mann ins Kino gehen? Jemand, den wir nicht kennen! Das kommt überhaupt nicht infrage.«

Das hätte sie auch früher sagen können, dachte ich bei mir, schwieg aber. Onkel Imre versuchte die Situation zu retten. »Évike, hol den jungen Mann doch kurz nach oben, dann können wir ihn kennenlernen.«

Die Geschwister Imre und Etel, 1950

Das war Tante Olga aber auch nicht recht, sodass die Diskussion mindestens eine Viertelstunde lang hin und herging. Ich saß wie auf glühenden Kohlen, bis ich es nicht mehr aushielt, nach unten rannte und Bandi bat heraufzukommen. Er hatte damit glücklicherweise überhaupt keine Probleme. Völlig ungekünstelt und mit größter Selbstverständlichkeit begrüßte er meine Verwandten, stellte sich vor und fing ein nettes Gespräch an. Währenddessen zog ich mich schnell um, befürchtete jedoch immer noch das Schlimmste. Aber Bandi hinterließ einen guten Eindruck, und wir durften nicht nur gemeinsam ins Kino gehen, Tante Olga und Onkel Imre luden uns sogar ein, sie nach der Vorstellung noch in einem Café zu treffen.

Endlich konnten Bandi und ich aufbrechen. Nachdem wir einen schönen Liebesfilm angesehen hatten, gingen wir wie verabredet in das Café, wo wir uns ausgezeichnet mit Onkel Imre und Tante Olga unterhielten. Gemeinsam spazierten wir nach Hause – und damit nahm ein neuer Lebensabschnitt seinen Anfang.

Die nächsten Wochen und Monate waren sehr aufregend. Bandi und ich trafen uns so oft wie möglich. Die Margareten-Insel wurde unser Lieblingsort.[17] Einmal gingen wir dort nach einem langen Nachmittag im Strandbad noch bis zum Einbruch der Dunkelheit im Park spazieren. Wir waren so in unser wichtiges Gespräch vertieft – Bandi erklärte mir behutsam, dass ich von einem Kuss nicht schwanger werden könne, was ich in meiner Unerfahrenheit befürchtete –, dass wir unsere nassen Badesachen auf einer Parkbank vergaßen. Wir bemerkten es erst kurz vor meiner Haustür, und Bandi machte sich, nachdem er mich zu Hause abgesetzt hatte, noch einmal auf den Weg und kehrte zur Insel zurück. Zum Glück war alles noch da. Später lachten wir herzlich über unser Missgeschick – wir waren so verliebt und glücklich.

Bandis Geschichte

Bandi wurde mir immer vertrauter. Während unserer langen Spaziergänge erzählte er mir von seiner Familie und seinem Leben. Er war am 16. Mai 1922 in Sajokaza zur Welt gekommen, wo seine Eltern in sehr ärmlichen Verhältnissen lebten. Der Vater, Jenő Schwarcz, verrichtete wechselnde Arbeiten, manchmal kaufte er in den Dörfern Felle von Ziegen, Rindern, Lämmern und Kaninchen auf, um sie in den größeren Ortschaften weiterzuverkaufen. Mitte der zwanziger Jahre zog die Familie nach Putnok, einen Ort nur wenige Kilometer von der slowakischen Grenze entfernt. Bandis Vater eröffnete dort ein Restaurant, das ganz gut lief. In Putnok wurde 1926 auch Bandis Schwester Kati geboren. Ende der zwanziger Jahre verschlechterte sich die wirtschaftliche Situation der Familie allerdings erneut, und 1930 kehrte Bandis

17 Die Margit Sziget (Margareten-Insel) liegt in der Donau, die Pest von dem bergigeren Buda trennt. Die Insel mit ihrem Park, einem Hotel, Thermal- sowie Strandbad war und ist ein beliebtes Ausflugsziel der Budapester.

Vater schließlich wieder zum Fellhandel zurück. Im Sommer 1933 zog die Familie nach Pest um, wo sie sich mehr recht als schlecht durchschlagen konnte. Nachdem Bandi 1937 die Schule beendet hatte, arbeitete er zunächst als Aushilfe in einem Kurzwarenladen. Eigentlich wollte er gerne Drucker werden, aber das war für Juden nicht möglich. Letztlich organisierte sein Vater ihm einen Ausbildungsplatz als Kürschner bei der Firma Gasztonyi. Im Februar 1941 legte Bandi seine Gesellenprüfung ab, ein Jahr später wurde er gemustert und Anfang Oktober 1943 zum Arbeitsdienst in der Honvéd eingezogen.

Familie Schwarcz 1942. Die Eltern Ilonka und Jenő (sitzend) mit ihren Kindern Andor und Kati

Vom Krieg und von seiner Gefangenschaft in Russland sprach Bandi allerdings fast nie. Ich erfuhr über diese Zeit seines Lebens erst nach seinem Tod Genaueres, als ich die Aufzeichnungen las, die er Anfang der neunziger Jahre – schon schwerkrank – niedergeschrieben hatte. Da ähnelten wir uns, denn auch ich gab ihm gegenüber nie Details meiner Erlebnisse während des Krieges preis. Bandis Einheit wurde in Mohács an der Donau zu Pionieren ausgebildet. Neben ihren Einsätzen beim Straßen- oder Brückenbau mussten sie aber auch noch andere Arbeiten erledigen, wie zum Beispiel das Be- und Entladen von Kohleschiffen.

Da die Donau im Winter nur wenig Wasser führte, legten die Männer 30 Zentimeter breite Holzbretter vom Ufer bis zum Schiff, über die sie die schweren Schubkarren mit Kohle balancierten. Viele fielen dabei in das eiskalte Wasser.

Die jüdischen Arbeitsdienstler hatten nicht nur besonders schlechte Arbeitsbedingungen, sie wurden auch sonst schlecht behandelt. Außer einer Militärmütze mussten sie ihre eigene, oft völlig unzureichende Kleidung tragen, sie waren also nicht uniformiert. Zudem kennzeichnete ein gelbes Band am rechten Arm sie als Juden. Die Männer waren zunächst in einer Turnhalle untergebracht, wo sie auf Stroh schlafen mussten, später in einem nicht fertiggestellten Fabrikgebäude ohne Fenster. An den Sonntagnachmittagen hatten sie zwar Ausgang, es war ihnen aber verboten, andere jüdische Familien zu besuchen oder ins Café oder Kino zu gehen.

Hinzu kamen vielfältige Schikanen. So kamen einmal viele Angehörige mit dem Zug angereist, weil sie eine Besuchserlaubnis erhalten hatten. Kaum standen die Besucher am Eingang des Gebäudes, versperrte die ungarische Gendarmerie ihnen den Weg und nahm sie mit auf die Wache. Dort kontrollierten die Polizisten die Menschen unter dem Vorwand, dass sie einen geheimen Brief suchten, und beschlagnahmten alles, was sie fanden. Dann brachten sie die Bestohlenen wieder zum Bahnhof, wo sie unverrichteter Dinge und enttäuscht wieder in den Zug nach Hause steigen mussten. Die Arbeitsdienstler mussten viele willkürliche „Strafmaßnahmen" ertragen. Zu einer der Schikanen gehörte, dass man sie zwang, sich zu bücken und mit ausgestreckten Armen ein Stück Seife zu halten und dann so zu verharren.

Als Bandis Einheit am 19. Januar 1944 an die Front verlegt wurde, führte die Zugfahrt über Budapest. Bei einem Zwischenstopp in dem Budapester Vorort Ferencvaros wagten Bandi und ein Freund ein riskantes Abenteuer. Es war sehr früh am Morgen des 20. Januar und noch dunkel, als sie sich verbotenerweise aus dem Zug stahlen, in ein Taxi setzten und zu ihren überraschten Familien zum Frühstücken fuhren. Beide hatten Glück: Bei ihrer Rückkehr stand der Zug noch im

Bahnhof, und ihr Vorgesetzter drückte ein Auge zu. Für Bandi sollte es das letzte Mal gewesen sein, dass er seinen Vater sah.

Seine Einheit wurde zunächst in die Karpaten verlegt, wo die Arbeitsdienstler hinter der Front Bäume fällten und Bunker bauten. Anfang Mai marschierten sie in Richtung polnischer Grenze, was aufgrund der schlechten Ausrüstung eine extreme Belastung war. Bandi berichtete, dass er von Mai bis Dezember 1944 keine Stiefel hatte, sondern seine Füße mit Lappen umwickeln musste. Hunger, brutale Strafen und willkürliche Misshandlungen prägten seinen Alltag.

Am 15. Oktober 1944 erreichte Bandis Einheit die Nachricht, dass Reichsverweser Horthy die Waffen niedergelegt habe.[18] Die Freude der Arbeitsdienstler, die das Ereignis gemeinsam mit den Bauern der Umgebung feierten, währte jedoch nur einen Tag: Dann kam die Nachricht von der Machtübernahme Ferenc Szálasis und der Fortsetzung des Krieges.

Im Dezember 1944 erkrankte Bandi schwer an Typhus und wurde in ein Lazarett in Kassa gebracht. Am Silvesterabend kam ein deutscher Offizier in das Krankenzimmer und erkundigte sich bei der Schwester, welche Personen hier untergebracht seien. Geistesgegenwärtig antwortete die slowakische Nonne: »Nur Typhuskranke«. Der Deutsche verließ daraufhin das Zimmer mit dem Kommentar: »Typhus nehme ich nicht mit nach Deutschland!«

So entging Bandi nur knapp der Deportation zum Arbeitseinsatz in Deutschland und konnte Ende Januar 1945 mit großer Freude den Einmarsch der Roten Armee in Kassa erleben. Seine Hoffnung, nun bald nach Hause zurückkehren zu können, zerschlug sich jedoch. Erst zu Fuß, dann mit dem Zug wurden die Patienten als Kriegsgefangene über Polen in die Sowjetunion gebracht – egal ob sie Juden waren oder nicht. Ende April erreichte Bandi die Halbinsel Kamtschatka, wo er zunächst in Quarantäne genommen wurde. Der 8. Mai 1945, der Tag der deutschen Kapitulation, war sein erster Arbeitstag in einer sowjetischen

18 Siehe Einleitung.

Papierfabrik. Die Nachricht über das Kriegsende erreichte ihn jedoch erst einige Tage später, und wieder wuchsen seine Hoffnungen auf eine baldige Heimkehr. Letztlich dauerte Bandis Kriegsgefangenschaft jedoch noch weitere drei Jahre, in denen er mehrfach mit dem Versprechen der Rückkehr in Richtung Ungarn transportiert, dann aber immer wieder in anderen Lagern zu verschiedenen Arbeiten eingesetzt wurde. Er und seine Kameraden litten insbesondere im Winter schwer unter den miserablen Arbeitsbedingungen. Besonders quälend war es, wenn die Männer in der Papierfabrik 200 bis 300 Kilogramm schwere Papierrollen aus dem Trockenraum zu den Eisenbahnwaggons transportieren mussten: Drinnen herrschten Temperaturen von über 50 Grad Hitze, draußen bis zu 50 Grad Kälte. Dann beobachteten sich die Männer ständig, ob ihre Nasen oder Gesichter weiß wurden, also erfroren. Bei den geringsten Anzeichen hierfür rieben sie sich schnell gegenseitig mit Schnee ein.

Es gelang Bandi während seiner Kriegsgefangenschaft, Kontakt zu seiner Familie aufzunehmen. So erfuhr er durch eine Postkarte, dass sein Vater tot war. Doch das ganze Ausmaß der Katastrophe zeigte sich erst nach seiner Rückkehr nach Budapest im Sommer 1948. Der größte Teil seiner Verwandtschaft und die meisten seiner früheren Freunde waren ermordet worden. So hatten von 33 Cousins nur elf überlebt. Sein Vater war zum Aufräumen von Trümmern in der Nähe von Budapest eingesetzt gewesen, als die Rote Armee heranrückte. Die Arbeiter sollten Richtung Stadt marschieren, als sie von dem befehlshabenden Offizier aufgefordert wurden, sich zu melden, wenn sie sich zu schwach für den Fußmarsch fühlten und mit dem Auto mitgenommen werden wollten. Bandis Vater und 20 weitere Männer, die sich gemeldet hatten, wurden erschossen.[19]

Bandis Mutter Ilonka und seine Schwester Kati waren nach Ravensbrück deportiert worden und hatten überlebt, ebenso wie Katis

19 Heute erinnert in Zinkota ein Grabstein mit den Namen der Erschossenen an diesen Mord.

Freund und späterer Ehemann Jancsi. Mit ihnen – Kati erwartete ein Kind, ihre Tochter Ági wurde am 13. Oktober 1948 geboren – lebte Bandi nach seiner Rückkehr in einer 1 ½-Zimmer-Wohnung in der Csengeristraße zusammen. Es waren sehr liebe, freundliche Menschen, die mich ganz herzlich in ihrem Kreis empfingen. Ich mochte insbesondere Bandis Mutter, die ich sofort in mein Herz schloss, als ich sie kennenlernte.

Bandi und ich sprachen nicht viel über die Zeit des Krieges. Es war, als ob wir nicht zurück-, sondern nur nach vorne schauen wollten. Immer wieder kamen wir auf unsere Zukunft zu sprechen. Ich wünschte mir sehr ein Kind, und wir wollten heiraten. Aber das war damals gar nicht so einfach, da wir weder eine eigene Wohnung hatten noch genug Geld verdienten.

Alltag und Arbeit in Budapest

Meine ausgedehnten Ausflüge mit Bandi schufen ganz neue, unerwartete Probleme. Dies hing mit dem großen, kunstvoll verzierten schmiedeeisernen Tor in unserem Hauseingang in der Népszinház Utca zusammen. Jeden Abend pünktlich um zehn Uhr verschloss die Hausmeisterin das Tor. Wer später nach Hause kam, musste bei ihr klingeln. Das passierte mir nun häufiger. Viele Male musste ich mich bemerkbar machen, warten, bis das Licht im Treppenhaus endlich anging und die sehr korpulente Frau, die auch gerne mal einen trank, in Filzpantoffeln und mit einem über die Schultern geworfenen Wolltuch sich mit dem großen verschnörkelten Eisenschlüssel in der Hand näherte. Während sie die quietschenden Torflügel öffnete, musterten ihre neugierigen Augen sehr genau, wer kam und von wem er oder sie nach Hause gebracht wurde. In meinem Fall war das jetzt Bandi, mit dem ich meist Hand in Hand vor dem Tor stand und wartete. Ihre Neugier war mir sehr unangenehm, zumal diese furchtbare Person, wenn sie gegen Mittag des nächsten Tages aufstand, alle Hausbewohner ausgiebig über die nächtlichen Ereignisse und ihre diesbezüglichen Spekulationen informierte. So erfuhr Tante Olga Dinge über mich, die mir selbst neu waren und mich in großes Erstaunen versetzten. Darüber hinaus war das Aufschließen eine gute Verdienstquelle für die Hausmeisterin, als »Torgeld« wurden jedes Mal zwei Forint oder auch mehr fällig.

Trotz dieser Umstände erlebten Bandi und ich diese Monate als eine wunderschöne Zeit, selbst als sich überraschenderweise unsere Arbeitsverhältnisse veränderten. Eines Morgens stand ich zusammen mit den anderen Angestellten von Frau Werner vor den verschlossenen Türen des Salons. Wir rätselten noch, was passiert sein könnte, als die Polizei kam und sich gewaltsam Zutritt verschaffte. Auf dem Schreibtisch unserer Chefin fand sich ein Brief, aus dem hervorging, dass sie sich ins westliche Ausland abgesetzt hatte. Nach und nach stellte sich heraus, dass sie nicht nur hohe Steuerschulden hinterlassen hatte, sondern dass ihre Angestellten auch vergeblich auf ihren letzten Lohn warten würden. Im Rückblick erinnerten wir uns an etliche Andeutungen, die Frau Werner in letzter Zeit bezüglich der Verstaatlichung privater Geschäfte gemacht hatte. Sie war davon nicht begeistert gewesen und hatte offensichtlich Konsequenzen gezogen.

Für mich war ihre Entscheidung sehr bitter. Denn obwohl ich während meiner Lehre schon viel über das Schneiderhandwerk gelernt hatte, stand ich nun ohne Gesellenprüfung da. Nach einigem Suchen fand ich aber Anfang 1951 eine neue Anstellung in einer staatlichen Genossenschaft für Kinderbekleidung. An großen Industrienähmaschinen musste ich dort im Akkord arbeiten, zum Beispiel täglich dreißig Ärmel einnähen oder dreißig Kragen befestigen. Eine anstrengende und einseitige Arbeit, weit weniger abwechslungsreich als bei Frau Werner. Aber ich war froh, überhaupt Arbeit zu haben.

Ich verdiente nur sehr wenig, aber da erging es mir nicht anders als vielen anderen: In ganz Ungarn litten die Menschen unter den schlechten Verhältnissen. Hätte ich meine Augen richtig aufgemacht, wäre mir vermutlich aufgefallen, dass viele unzufrieden mit der wirtschaftlichen und politischen Lage waren, jegliche Kritik von der Regierung aber rigoros unterdrückt wurde.[20] Doch ich wollte davon nichts wissen. Ich war jung und verliebt, Politik interessierte mich nicht allzu sehr. Alle Versuche, mich davon zu überzeugen, in die Kommunistische Partei einzutreten, scheiterten. Das hätte Vorteile, sagte man. Fast jeder Arbeiter, viele Ärzte und Intellektuelle waren Parteimitglieder. Das war nach dem Krieg ganz selbstverständlich, denn schließlich hatten uns die Russen vor dem Tod und der Vernichtung gerettet, das Volk musste dafür dankbar sein – so dachte fast jeder. Auch Bandi und der Mann seiner Schwester waren Parteimitglieder, ich hatte jedoch kein Verlangen danach und wollte mich nicht unter Druck setzen lassen. Aber ich war auch nicht grundsätzlich ablehnend. So genoss ich durchaus die »freiwilligen« Ernteeinsätze am Wochenende. Ich erinnere mich noch, wie Bandi und ich zum Baumwollpflücken in Kleinbussen aufs Land fuhren und großen Spaß daran hatten.

Auf der anderen Seite trugen die ständig wechselnden Erlasse und Vorschriften zur Verunsicherung bei. So kam es einmal vor, dass Onkel Imre zwei Säcke Mehl kaufte, weil Gerüchte umgingen, dass es

20 Als Ungarn nach dem Zweiten Weltkrieg Teil des sowjetischen Machtbereichs wurde, baute Mátyás Rákosi (1892–1971) die Kommunistische Partei Ungarns neu auf. Als deren Generalsekretär (seit 1945) organisierte er die schrittweise Sowjetisierung des Landes. Seinem autoritären Herrschaftsstil und dem rücksichtslosen Vorgehen gegen Regimegegner fielen einige Tausend Menschen zum Opfer. 1952 wurde Rákosi zusätzlich Generalsekretär der am 12. Juni 1948 aus der Kommunistischen Partei und der Sozialdemokratischen Partei hervorgegangenen Magyar Dolgozók Pártia (Partei der ungarischen Werktätigen) und Ministerpräsident. Das Land geriet in eine schwere Wirtschaftskrise, die 1953 zusammen mit dem Tod seines Förderers Stalin zu der Ersetzung Rákosis durch Imre Nagy führte. Rákosi blieb jedoch Parteichef der KPU. Anfang 1955 riss die Gruppe um Rákosi die Macht wieder an sich. Nagy wurde am 14. April 1955 seiner Ämter enthoben und András Hegedűs zu seinem Nachfolger bestimmt. Rákosi blieb weiterhin KPU-Generalsekretär, musste sein Amt aber 1956 niederlegen – fünf Monate nach der berühmt gewordenen Rede Chrutschtschows auf dem 20. Parteitag der KPdSU im Februar, auf der dieser sich gegen den stalinistischen Personenkult wandte. Rákosi wurde durch Ernő Gerő ersetzt und floh in die Sowjetunion.

in Kürze eine Mehlknappheit geben würde. Er war ganz stolz auf sich, bis einige Tage später eine Verordnung gegen das Horten von Mehl bekannt gegeben wurde. Allen, die mehr als eine bestimmte Menge zu Hause lagerten, drohte eine drakonische Strafe. Ich weiß noch genau, wie mein verängstigter Onkel und ich die schweren Mehlsäcke die Treppe hinunter in den Keller schleppten – wir waren weiß wie die Bäcker –, wo sie sorgsam versteckt und zugedeckt wurden.

Bandi verlor seine Arbeit und wurde versetzt, als »seine« Firma, in der er schon vor dem Krieg gelernt und später auch seine Meisterprüfung als Kürschner abgelegt hatte, verstaatlicht wurde. Von nun an arbeitete er in einer Rohlederfabrik, die außerhalb von Budapest lag. Er war ein guter und fleißiger Arbeiter, der bald befördert wurde. Man überlegte sogar, ihn nach Südafrika zum Einkauf von Biberlammfellen zu schicken, doch der Firmenvertreter in Südafrika entschloss sich, dort zu bleiben und nicht nach Ungarn zurückzukehren, sodass das ganze Vorhaben abgeblasen wurde. 1951 wurde Bandi dann erst einmal zum Militärdienst einberufen, besuchte eine Offiziersschule und kehrte danach in seine Rohlederfabrik zurück.

Alle diese Veränderungen überstand unsere Beziehung gut. Onkel Imre erkundigte sich zwar jedes Mal, wenn er Bandi sah, ob er es denn wirklich ernst mit mir meinen würde und wann wir heiraten wollten. »Selbstverständlich meine ich es ernst«, versicherte Bandi immer wieder, »aber ich verdiene noch nicht genug und habe keine eigene Wohnung.« Seine Verliebtheit bewies er mir, indem er mir ein Gedicht – sein erstes und letztes – schenkte. Die Anfangsbuchstaben der Zeilen ergaben meinen Namen: Diamant Eva.[21]

Dicsöség nekem ha veled vagyok
Igazságos két szemed ram ragyog
Amikor látlak amikor nézlek

21 Im ungarischen Sprachgebrauch wird der Nachname vor dem Vornamen genannt.

Mindig csak boldogságot érzek.
Angyal vagy nekem angyolok angyala
Nem kérek Töled mást csak ne felejts el soha
Te vagy az elsö aki annyira megtetszett
Evikém hidd el nagyon szeretlek.
Veled lenni nekem egy égi boldogság.
Áldjon meg az Isten bis hundertundzwanzig Jahr!

Es ist für mich eine große Ehre, wenn ich mit Dir zusammen sein kann,
deine leuchtenden Augen strahlen mich immer an.
Wenn ich Dich anschaue, wenn ich Dich sehe,
dann habe ich immer nur Glücksgefühle.
Du bist ein Engel für mich und davon der höchste.
Dass Du mich nie vergisst, dass sind meine Wünsche.
Du bist die Erste, die mir so sehr gefällt,
glaube mir Eva, Du bist mir die Liebste der Welt.
Mit Dir zu sein ist für mich ein himmlisches Gefühl,
Du sollst lange Leben – 120 Jahre!

Als Bandi mir damals in Budapest das Gedicht gab, wusste ich gar nicht, wohin mit meinem Glück. Ich umarmte und küsste ihn. Aber ich war nicht die einzige glücklich Verliebte. Tante Etel hatte ihr Herz an Géza, einen geschiedenen älteren Mann verloren. Géza wohnte in Karzag, einem kleinen Ort einige Fahrstunden von Budapest entfernt. Er wollte sein Häuschen und seinen schönen Garten gerne mit ihr teilen. Etel aber lehnte jede Umzugsüberlegung ab, solange ich nicht unter der Haube war.

Dann kam eines Tages endlich, endlich die gute Nachricht. In dem Haus in der Csengeristraße, wo Bandis Familie wohnte, wurde im ersten Stock eine Wohnung frei. Bandis Schwester wollte mit ihrer Familie dort einziehen, sodass nun Platz für uns in der Wohnung meiner Schwiegermutter sein würde. Jetzt konnten wir heiraten! Wir legten unseren Hochzeitstermin auf den 5. August 1951 – doch sollte nicht alles so glatt laufen, wie wir uns das gedacht hatten.

Der flüchtende Wäschekorb

Schon Wochen vor der Hochzeit trudelten die ersten Geschenke ein, meistens ausrangierte Dinge für den Haushalt, die wir sehr gut gebrauchen konnten. Olgas Schwester Ilonka brachte eine Stehlampe und eine wunderschöne gläserne Obstschale vorbei, an der ich mich bis heute erfreue. Ihre andere Schwester, Mariska, trennte sich von einer großen schwarzen Vase. Tante Olga selbst schenkte mir Bettwäsche, in die sie mein Monogramm hatte einsticken lassen. Von dem geringen Geldbetrag für das Haus meiner Eltern, den Onkel Imre für mich zurückgelegt hatte, kauften Bandi und ich uns nun die Grundausstattung für unser neues Leben: zwei Sessel, eine Ausziehcouch, die uns als Ehebett dienen sollte, zwei Stühle und einen Tisch. Wir suchten auch Gardinen und eine Deckenlampe aus.

Im Sommer 1951 war ich furchtbar ungeduldig – wenn doch mein großer Tag endlich käme! Das Hochzeitskleid, das Tante Ilonka aus hellblauem Leinen mit einem weißen Blumenmuster für mich genäht hatte, hing schon fertig an der Tür. Es gefiel mir wirklich gut, obwohl ich insgeheim doch viel lieber ein weißes Hochzeitskleid getragen hätte. Aber das behielt ich wie so vieles für mich. Ich hätte auch gerne eine religiöse Trauzeremonie gehabt, aber das war damals nicht selbstverständlich. Zwar war zum Beispiel Bandis Mutter sehr religiös und besuchte auch regelmäßig die Synagoge, doch dann machte sie sich nicht fein, sondern trug ihre Alltagskleidung. Sie nahm sogar ihren Strohkorb mit, so als ginge sie Besorgungen machen. Im kommunistischen Ungarn stellte man seine Religion nicht zur Schau, man versuchte im Gegenteil, sie möglichst unauffällig zu praktizieren. Dem beruflichen Fortkommen und der Karriere konnte ein offen religiöses Auftreten durchaus schaden, weshalb mein zukünftiger Mann, der sich als guter Kader erweisen wollte, und auch viele andere Verwandte damit sehr zurückhaltend waren. Also wurde nur eine standesamtliche Trauung geplant und ein nachfolgendes Hochzeitsessen in der Wohnung in der Népszinház Utca.

Der große Tag rückte näher. Ich wurde immer nervöser, unter anderem, weil wir noch keine Eheringe hatten. Damals konnte man in Ungarn nicht einfach in ein Schmuckgeschäft gehen und sich Ringe aussuchen. Sie mussten bestellt werden – und auch das ging nur, wenn vorher alle möglichen Formalitäten erledigt waren. Von Tag zu Tag wuchs meine Befürchtung, dass wir ohne Eheringe im Standesamt stehen würden.

Aber es sollte noch schlimmer kommen. Etwas vollkommen Unvorhersehbares drohte unsere gesamten Pläne über den Haufen zu werfen. Wenige Tage vor unserer Hochzeit wurde eine neue Wohnungsverordnung erlassen. Danach hatte ein zweiköpfiger Haushalt nur noch Anspruch auf ein Zimmer, alle darüber hinausgehenden Räume mussten gemeldet und für vom Staat eingewiesene Mieter zur Verfügung gestellt werden. Damit entstand für Tante Olga ein großes Problem: Wenn nämlich – wie geplant – sowohl Tante Etel als auch ich in Kürze aus der Wohnung in der Népszinház Utca ausziehen würden, musste sie fremde Mieter aufnehmen. Das wollte sie aber partout nicht – und teilte mir deshalb einen Tag vor meiner Hochzeit mit, dass ich diese verschieben müsste.

Ich war wie vor den Kopf geschlagen. An Tante Olga prallte jedes Argument ab, sie war sehr rigoros und hatte ihre Entscheidung schon getroffen. Aufgelöst flüchtete ich mich zu Tante Etel und brachte unter Tränen nur einen Satz hervor: »Aus der Hochzeit morgen wird nichts.«

Etel schaute mich verwirrt an. »Kindchen, nun beruhig dich doch erst mal. Was ist denn passiert?«

»Tante Olga hat alles abgeblasen. Wegen dieser Wohnverordnung, du weißt schon. Du ziehst weg, ich zieh weg … Sie braucht Zeit, sagt sie …«

»Und was sagt Onkel Imre dazu?«, fragte Etel.

»Ach, du kennst ihn doch. Ich glaube, er hatte Tränen in den Augen, aber gegen Tante Olga …«

Tante Etel versprach, mit Olga zu reden, aber ich hatte nur noch einen Gedanken: flüchten, bevor sie von der Arbeit nach Hause kam.

So schnell ich konnte, verstaute ich meine Besitztümer in einem großen Weidenkorb, darunter auch die Hochzeitsgeschenke meiner

Nachbarn und Verwandten. Mit jedem Stück, das ich in die Hand nahm, kämpfte ich gegen meine Niedergeschlagenheit an. Ich versuchte an Bandi zu denken und daran, wie gut sich die Obstschale auf unserem Wohnzimmertisch machen würde. Wie gemütlich wir es im Schein der Lampe von Tante Ilonka haben würden …

Dann bestellte ich ein Taxi. Tante Etel drückte mir noch etwas Geld in die Hand und schloss mich dann fest in ihre Arme. »So, mein Kind«, sagte sie schließlich, »nun geh und nimm meinen Segen mit auf deinen Weg.«

Der Wäschekorb mit den Geschenken war so schwer, dass ich meine ganze Kraft aufwenden musste, um ihn zu tragen. Es blieb mir nichts anderes übrig, als den Fahrstuhl zu nehmen. Mühsam unterdrückte ich meine Panik. Unten angekommen wuchtete ich den Korb vor die Haustür. Alles geschah in großer Eile und in der Hoffnung, dass meine Flucht unbeobachtet bleiben würde. Und ich hatte Glück: Nicht einmal die Hausmeisterin bemerkte mich. Das bestellte Taxi bog um die Ecke, der Fahrer sprang heraus, nahm mir den Weidenkorb aus der Hand und hob ihn scheinbar mühelos in den Kofferraum.

»Wohin soll die Reise denn gehen, junges Fräulein?«, fragte er fröhlich.

Ich brachte nur ein kurzes »Csengeristraße 55« hervor, dann kletterte ich stumm in den Wagen. Ab und zu bemerkte ich seine besorgten Blicke im Rückspiegel, sprach aber kein weiteres Wort mit ihm. Endlich erreichten wir das Haus, in dem Bandi und seine Angehörigen wohnten. Während der Fahrer den Korb aus dem Wagen hob, bedauerte ich, dass ich nicht etwas netter zu ihm gewesen war, und bedankte mich beim Bezahlen bemüht freundlich für die schnelle Fahrt. In diesem Moment bog Bandi um die Ecke, der wie jeden Samstag gegen 14 Uhr von der Arbeit nach Hause kam. Als er mich sah, beschleunigte er seine Schritte und rannte schließlich das letzte Stück. Atemlos fragte er mich: »Was machst du denn hier? Und wieso schleppst du einen Wäschekorb mit?«

Aber bevor ich überhaupt etwas erklären konnte, zog er mit einem strahlenden Lächeln eine Schachtel aus der Jackentasche: Er hatte gerade die Eheringe beim Juwelier abgeholt! »Jetzt steht unserer Hochzeit morgen nichts mehr im Weg«, sagte er lachend zu mir und zog mich in seine Arme.

»Du hast ja keine Ahnung«, erwiderte ich düster und berichtete ihm von der Auseinandersetzung mit Tante Olga und den Geschehnissen des Vormittags. Bandi versuchte mich zu trösten. Er gab mir einen langen Kuss und versicherte. »Wir beide werden morgen heiraten, egal, was auch geschieht.« Dann schleppte er den Korb in den zweiten Stock, wo uns Tante Ilonka – so nannte ich meine künftige Schwiegermutter – mit einigem Erstaunen empfing. Nachdem ich auch sie über den neuesten Stand der Dinge unterrichtet hatte, schlug sie die Hände vors Gesicht. Sie war entsetzt und drängte uns: »Das könnt ihr doch nicht machen! Ihr müsst jetzt sofort zurückgehen und den Familienfrieden wiederherstellen.«

Ich aber war bockig. Ich sah nicht ein, dass ich es sein sollte, die den ersten Schritt machte. Ich war sehr wütend auf Tante Olga, weil mir ihre über meinen Kopf hinweg getroffene Entscheidung so unglaublich egoistisch vorkam. Doch Bandis Mutter ließ nicht locker, bis wir uns wohl oder übel auf den Weg in die Népszinház Utca machten.

Tante Olga schien schon auf uns gewartet zu haben. In ihren Blicken waren Wut und Trauer zu erkennen, und ich konnte mir gut vorstellen, dass es in den letzten Stunden zwischen ihr, Onkel Imre und Tante Etel ziemlich hoch hergegangen war. Tante Etel sah ich an, dass Olga ihr ziemlich zugesetzt hatte, weil sie mich hatte gehen lassen. Onkel Imre tat wie immer sein Bestes, um den Konflikt beizulegen. »Wir finden schon einen Ausweg«, versuchte er das Gespräch zu beginnen, doch seine Frau beharrte darauf, dass wir mit unserer Hochzeit warten sollten, bis sie einen geeigneten Untermieter gefunden hatte. Als Tante Etel und ich weiterhin hartnäckig versuchten, sie von ihrem Entschluss abzubringen, gab Olga schließlich nach. Sie atmete einmal tief durch und erklärte dann entschieden: »Wenn ihr darauf besteht, morgen aufs Standesamt zu gehen, bitte … aber ohne mich! Das ist mein letztes Wort.«

Da kamen Bandi, der sich bisher kaum an der Auseinandersetzung beteiligt hatte, die Tränen. Ich war völlig perplex. Niemals zuvor hatte ich ihn weinen sehen, aber in dieser verfahrenen Situation konnte er sich nicht mehr beherrschen. Dennoch blieb er ganz ruhig und setzte sein wunderbares Talent ein: Freundlichkeit und Überredungskunst. Er überzeugte Tante Olga davon, dass wir uns ja auch als Ehepaar bei ihnen anmelden könnten. Und er versprach, dass wir dann so lange in der Népszinház Utca schlafen würden, bis sie einen Untermieter gefunden hätte. Ich war zwar nicht besonders begeistert von diesem Gedanken, aber in diesem Moment war mir meine Hochzeit – mit Tante Olgas Segen – am wichtigsten.

Als sich Bandi am späten Nachmittag mit einem zärtlichen Kuss von mir verabschiedete, war ich sehr stolz auf ihn. Nur seiner Gelassenheit und Kompromissbereitschaft war es zu verdanken, dass wir eine Lösung gefunden hatten, mit der auch Tante Olga leben konnte. Für Bandis Mutter Ilonka stellte es glücklicherweise kein Problem dar, dass wir erst später bei ihr einziehen würden. Da ihr zweiter Wohnraum ein Durchgangszimmer ohne eigenen Eingang war, musste sie auch nicht befürchten, gegen ihren Willen einen Untermieter zugewiesen zu bekommen.

Am nächsten Morgen wachte ich schon früh auf, stellte aber trotzdem fest, dass ich allein im Zimmer war. Tante Etel war schon auf den Beinen und in der Küche, um das Hochzeitsessen vorzubereiten. Ich stand auf und ging ins Wohnzimmer, wo wir sonntags frühstückten. Obwohl Olga am Tag zuvor der Kompromisslösung zugestimmt hatte, war die Stimmung immer noch angespannt. Ich wusste nicht recht, was ich sagen sollte, und schaute nur hilflos auf Tante Olgas versteinertes Gesicht, und auch Onkel Imre konnte die Stimmung nicht auflockern. Um der bedrückenden Atmosphäre zu entfliehen, stand ich so bald wie möglich auf und zog mich in die Küche zurück, um Tante Etel zu unterstützen.

Die Vorbereitungen für die Hochzeitsgäste hoben meine Laune wieder. Etel und ich räumten das Frühstücksgeschirr ab, zogen den

Esstisch aus, bedeckten ihn mit einer schönen weißen Tischdecke, holten das Geschirr und dekorierten das Ganze mit Blumen und Kerzen. Danach verschwand ich im Bad, um mich vorzubereiten. Durch die Tür hörte ich, wie Onkel Imre auf seine Frau einredete und sie drängte, doch mit zur Trauung zu kommen und an der für mich so bedeutenden Zeremonie teilzunehmen. Tante Olga hatte doch nun allen Grund, zufrieden zu sein, dachte ich, und war bitter enttäuscht, dass sie mir den schönsten Tag meines Lebens so schwer machte.

Gegen halb zehn stand Bandi mit einem wunderschönen Brautstrauß an der Tür. Ich war ganz aufgeregt, hörte nur mit halbem Ohr auf seine bewundernden Worte über mein hellblaues Kleid und war froh, als wir endlich mit dem Taxi zum Standesamt fuhren. Wir waren glücklich, aber auch ein wenig bedrückt wegen der Unstimmigkeiten. Umso größer war dann unsere Freude, als auch Tante Olga eintraf. Nun war meine kleine Familie – beziehungsweise das, was von ihr übrig geblieben war – vollständig: Tante Etel, Tante Olga und Onkel Imre sowie Olgas Schwestern Ilonka und Mariska. Ilonkas Sohn Dezső war auch dabei, ebenso wie einige Nachbarn. Von Bandis Seite waren seine Mutter Ilonka und seine Schwester Kati mit ihrem Ehemann Jancsi sowie ihrer Tochter Ági erschienen. Bei ihrem Anblick wurde mir schmerzlich bewusst, wie sehr ich meine eigenen Eltern und meinen Bruder vermisste. Wie schön wäre es gewesen, mit ihnen meine Hochzeit zu feiern.

Nachdem die Trauung vollzogen war und ich die Urkunde unterzeichnet hatte – zum ersten Mal mit meinem neuen Namen Szepesi –, fuhren wir in die Népszinház Utca zurück. Dort nahmen wir im kleinen Kreis das Hochzeitsmahl zu uns. Aber irgendwie kamen Tante Olga und ich an diesem Tag nicht auf einen grünen Zweig: Sie hatte nicht einmal Kati und Jancsi eingeladen. Die Welt hatte schon ausgelassenere Hochzeitsfeiern gesehen. Zu Bandis und meiner Erleichterung ließ sich Ilonka von alledem nichts anmerken und unterhielt sich unbeschwert mit Tante Etel. Mein vorherrschender Gedanke aber war: Endlich raus hier! Endlich in die Flitterwochen!

Bandi und ich konnten es kaum erwarten, zum Bahnhof zu kommen. Seine Arbeitsstelle hatte uns eine Woche Ferien in Dobogókő organisiert, für die wir praktisch nichts bezahlen mussten. Das wollten wir so richtig genießen. Sobald es, ohne unhöflich zu erscheinen, möglich war, verabschiedeten wir uns von unserer Hochzeitsgesellschaft. Ein Nachbar fuhr uns in seinem Wagen zum Zug.

Während der Fahrt konnten wir unser Glück kaum fassen, wir alberten herum und waren überhaupt ganz ausgelassen. Dennoch bedrückte mich der Gedanke an unsere Hochzeitsnacht, vor der ich ziemliche Angst hatte. Natürlich war ich noch Jungfrau und sehr unerfahren. Doch viel schlimmer war, dass plötzlich wieder die Erinnerungen an »Onkel Welityel« im Zug nach Sered' hochkamen. An unserem ersten Abend in Dobogokő saßen wir im Kreis anderer Urlauber zusammen, tranken Rotwein und ich tat alles, um den Moment, in dem wir auf unserem Zimmer allein sein würden, möglichst lange hinauszuschieben. Als der gefürchtete Moment dann aber da war, spürte Bandi wohl meine Unsicherheit. Er war ganz lieb und verständnisvoll und drängte mich in keiner Weise, sodass ich unsere erste gemeinsame Nacht ruhig in seinen Armen verbrachte. Mit viel Geduld gelang es meinem Mann in den nächsten Tagen, mein volles Vertrauen zu gewinnen. Und nachdem ich meine Angst erst einmal verloren hatte, konnte ich mein neues Leben als verheiratete Frau auch genießen.

Nach einer Woche mussten wir zu unserem Bedauern nach Budapest zurück, wo uns Bandis Schwester und ihr Mann am Bahnhof abholten. Zunächst statteten wir meiner Schwiegermutter einen kurzen Besuch ab, dann packten wir ein paar Sachen und gingen zu Tante Olga und Onkel Imre, um dort zu übernachten. Das Verhältnis zu Tante Olga, die uns mit einem Abendessen empfing, war kühl, aber nicht unfreundlich.

Die nächsten zwei Monate vergingen in der verabredeten Weise: Morgens verließen Bandi und ich die Wohnung und gingen zur Arbeit, abends kehrten wir zurück und verbrachten die Nacht dort. Anders als früher machte es mir jetzt nichts mehr aus, die Hausmeisterin nach

23 Uhr herauszuklingeln. Im Gegenteil: Die Leute sollten uns sehen, damit keiner auf die Idee kam, das Zimmer bei Onkel und Tante sei leer, und diesen Umstand bei den Behörden meldete. Wohl fühlten wir uns dabei jedoch ganz und gar nicht. Wie sehnten wir den Tag herbei, an dem wir endlich »richtig« ausziehen konnten. Schließlich war es Tante Etel, die mit einer geradezu genialen Lösung aufwartete: Ihr neuer Lebensgefährte Géza hatte einen erwachsenen Sohn, Tibor, der in Budapest arbeitete. Er wurde der neue Untermieter von Tante Olga und Onkel Imre. Für alle Beteiligten eine prima Regelung.

Eine glückliche Familie

Im Herbst 1951 war es endlich soweit. Wir zogen in unsere eigenen vier Wände – so fühlte es sich jedenfalls an, trotz der Tatsache, dass wir nun mit meiner Schwiegermutter zusammenlebten. Ilonka überließ uns ihren großen Wohnraum und begnügte sich selbst mit dem sehr viel kleineren Zimmer, das über keinen eigenen Eingang verfügte. Für diese Großzügigkeit waren wir ihr unendlich dankbar. Bandi war in dieser Zeit nur selten zu Hause, denn er absolvierte auf Empfehlung des Ministeriums eine Weiterbildung im Bereich Außenhandel und drückte von morgens bis abends die Schulbank. Ich arbeitete weiterhin Akkord in der Bekleidungsfirma.

Eines Tages wirbelte eine Routineuntersuchung beim Frauenarzt unsere ganze kleine Welt vollkommen durcheinander: Ich war schwanger. Vor Freude hätte ich einen Luftsprung machen können. Mein größter Wunsch war in Erfüllung gegangen. Ich rannte nach Hause und wartete sehnsüchtig auf Bandis Rückkehr. Kaum hatte er unser Zimmer betreten, fiel ich ihm schon in die Arme. Ich musste gar nichts sagen, mein Mann wusste sofort, worum es ging. Wir waren beide sehr glücklich.

In den nächsten Monaten sah ich im Traum immer wieder ein kleines Mädchen mit vollem schwarzen Haar und blauen Augen vor mir, das mich anlachte und ganz allein mir gehörte. Meine Schwiegermutter freute sich mit uns, und sogar Tante Olga wurde wieder zugänglicher. Doch das Jahr 1951 brachte auch Trauriges: Ende des Jahres starb Tante Etel nach einem Krebsleiden. Mit ihr verlor ich quasi meine zweite Mutter.

Am 27. Juni 1952 erblickte die kleine Judith gesund und munter das Licht der Welt. Sie sah genauso aus, wie ich mir meine Tochter im Traum vorgestellt hatte. Ich konnte mein Glück kaum fassen. Für drei Monate brauchte ich nun nicht mehr in der Fabrik zu arbeiten, und Bandi bekam drei Wochen frei, in denen er seiner kleinen Juditka kaum von der Seite wich. Nun waren wir also eine richtige kleine Familie.

Eva und Andor Szepesi mit ihrer Tochter Judith, 1953

Und wenn es überhaupt etwas gab, was unserer Seligkeit mitunter Grenzen setzte, dann war es der Umstand, dass wir zusammen nur 1200 Forint verdienten. Das war sehr wenig Geld. Jeden Monat übergaben wir unser Gehalt an unsere »Finanzministerin« Ilonka, die auch mit geringen Mitteln hervorragend haushalten konnte. Jeden Tag zauberte sie eine warme Mahlzeit auf den Tisch, und jeden Freitagabend gab es ein Festessen. Dann fehlte es an nichts, was wir für den Schabbat brauchten: Suppe, Fleisch, Tomatensoße, Kuchen und Kompott. Nicht einmal auf die Flasche Wein für das Gebet mussten wir verzichten. Allerdings zog Ilonka, wenn sie die Schabbatkerzen anzündete, immer die Gardinen zu, um ihren Sohn nicht zu kompromittieren oder die Nachbarn zu irritieren.

Unsere Tochter Judith, um die sich meine Schwiegermutter kümmerte, nachdem ich wieder angefangen hatte zu arbeiten, war Ilonkas Augenstern. Das bedeutet auch, dass sie strengstens darauf achtete, dass ihr Enkelkind alles hatte, was es für seine Entwicklung brauchte. Sogar einige der teuren Jonathanäpfel lagen immer in der Speisekammer bereit – aber nur für Judith! Einmal lachten mich die schönen Äpfel so verlockend an, dass ich nicht widerstehen konnte und sogar Bandi dazu verführte, ordentlich hineinzubeißen. Genau in dem Augenblick kam meine Schwiegermutter hinzu und schimpfte mit uns: »Kinder, ich gönne euch die Äpfel ja von Herzen, aber ich brauche sie doch für die Kleine. Ihr wisst genau, wie lange es noch dauert bis zum Monatsende!« Oje, da hatte ich ein ganz schlechtes Gewissen und stammelte schnell eine Entschuldigung. An diesem Abend nahm Bandi mich in den Arm und flüsterte mir zu: »Wenn ich einmal ganz viel Geld verdiene, wirst du so viele Äpfel essen können, wie du nur willst!«

Wie oft in derartigen Situationen ging mir durch den Kopf, dass ich ja vor gar nicht so langer Zeit schrecklichen Hunger gelitten hatte und nicht wusste, ob ich den nächsten Tag erleben würde. Und da sollte ich mich jetzt darüber beklagen, dass ich keinen Apfel essen durfte? Oder dass ich mir die Schuhe nicht neu besohlen lassen konnte, weil uns das Geld dafür fehlte? Aber wie immer behielt ich solche Gedanken für mich. Erst lange nach Bandis Tod sollte ich es bedauern, ihm nie meine Geschichte erzählt zu haben.

Doch damals verging die Zeit so schnell. Juditka wuchs und gedieh, Bandi machte seinen Abschluss und musste sechs Wochen als Soldat nach Debrecen. Danach arbeitete er zunächst wieder in der Rohlederfabrik. Und dann veränderte eine berufliche Entscheidung unser Leben ganz grundlegend.

Ins Land der Täter

Im Sommer 1953 wurde Bandi unverhofft zu einem Gespräch ins Ministerium bestellt. Ein Mitarbeiter der Außenhandelsabteilung unterhielt sich erst einige Minuten freundlich mit ihm, dann legte er die »Neue Zürcher Zeitung« vor ihn auf den Tisch.

»Genosse, bitte übersetzen Sie doch mal kurz«, forderte er meinen Mann auf und deutete auf den Leitartikel.

»Ich lerne im Moment zwar gerade Englisch«, antwortete Bandi, »Deutsch kann ich aber leider nicht.«

»Ach, und da wollen Sie nach Frankfurt in unsere Handelsvertretung? Wie stellen Sie sich das denn vor?«

Bandi war ziemlich überrascht, von »seinen« Plänen zu hören, doch zunächst wurde er ohne weitere Erklärung an seinen Arbeitsplatz zurückgeschickt. Noch am selben Abend teilte man ihm dann mit, dass er mit sofortiger Wirkung in die Abteilung Import-Export des Außenministeriums versetzt sei und schnellstens einen Deutsch-Intensivkurs absolvieren müsse.

Ein paar Tage später fand ein weiteres Gespräch im Ministerium statt. Nun stand endgültig fest, dass Andor Szepesi am 2. Januar 1954 in der ungarischen Handelsvertretung in Frankfurt am Main anfangen sollte. Auf die Frage, wie lange er es ohne Familie dort aushalten könne, reagierte mein Mann erstaunt.

»Bei dem geringen Gehalt, das ich verdiene … Wie soll ich denn damit in Deutschland meine Familie ernähren?«

Da lachte sein Gegenüber: »Geld ist nicht das Problem, Genosse. Na, fahren Sie erst mal nach Frankfurt. Ihre Familie kann dann in ein paar Monaten nachkommen. Aber sprechen Sie noch mit niemandem darüber, auch nicht mit Ihrer Frau.«

Als Bandi abends nach Hause kam, merkte ich sofort, dass etwas Besonderes geschehen war. Ich konnte durchaus hartnäckig sein, wenn ich die Wahrheit erfahren wollte. Allzu lange ließ mein Mann sich allerdings auch nicht bitten.

»Wie würdest du es finden, wenn sich mein Gehalt innerhalb kürzester Zeit … sagen wir: verfünffachen würde? Es könnte aber auch mehr sein.«

»Was soll das? Natürlich würde ich das toll finden … Sollst du etwa befördert werden?«

Da rückte Bandi mit der Sprache heraus und erzählte, dass er ins Ausland geschickt werden sollte.

»Wohin denn genau?«, wollte ich wissen, aber da stellte sich Bandi stur, ich erfuhr nur »ins Ausland«.

»Ach, das geht bestimmt wieder so aus wie mit Südafrika«, versuchte ich ihn zu provozieren. »Da freuen wir uns … und in letzter Minute zerschlägt sich alles.«

»Nein, nein, diesmal ist schon alles geregelt. Es geht wirklich ins Ausland … Ich fahr schon mal vor. Judith und du könnt dann in ein paar Monaten nachkommen. Ich such uns eine schöne Wohnung und …«

»Paris?«

»Nein.«

»London?«

»Bitte.«

»Dann vielleicht … New York?« Ich zählte all die tollen Orte auf, die ich aus Filmen kannte, doch Bandi lächelte nur geheimnisvoll – und meine Fantasie schlug Purzelbäume.

Am nächsten Tag rückte er dann doch mit der Wahrheit heraus. Frankfurt sagte mir zunächst gar nichts, aber als Bandi erklärte, dass die Stadt in Deutschland liege, stürzte ich ins Bodenlose. Von allen Staaten dieser Welt ausgerechnet Deutschland. Ich konnte mir nicht vorstellen, auch nur einen Fuß in dieses Land zu setzen. In meine Unmutsgefühle mischten sich aber auch Gedanken wie: Durfte ich denn Bandis Karriere behindern? So eine berufliche Chance? Ich wusste nicht, wie ich mir helfen sollte, und schob jeden Gedanken an einen möglichen Umzug erst einmal weit von mir.

Eines Abends, Bandi war gerade von der Arbeit nach Hause gekommen, zog er mit einem verschmitzten Gesichtsausdruck seine Brieftasche aus der Jacke und blätterte ganz genüsslich einen Geldschein nach dem anderen auf den Tisch. Insgesamt viertausend Forint – ein Vermögen. Er hatte einen Vorschuss bekommen, damit er sich für seine zukünftige Aufgabe neu einkleiden konnte. »Davon können wir uns alle etwas Schönes zum Anziehen kaufen«, meinte er glücklich. So viel Geld auf einmal hatte ich noch nie gesehen, mir wurde ganz schwindlig. Aber meine Schwiegermutter brachte mich schnell wieder auf den Teppich zurück: »Bloß nicht alles auf einmal ausgeben«, mahnte sie. »Spart lieber etwas.«

Trotzdem. Gleich am nächsten Tag zogen wir los und kauften alles, was Bandi im Ausland brauchen würde: Mantel, Anzug, Schuhe, Hemden – schließlich würde es seine Aufgabe sein zu repräsentieren. Aber auch ich konnte mich freuen – über ein neues Kleid, Schuhe und Unterwäsche.

Anfang Januar 1954 hieß es dann Abschied nehmen. Ich entließ meinen Mann mit gemischten Gefühlen: Einerseits freute ich mich für ihn und über die Möglichkeiten, dic sein neues Gehalt uns bot, andererseits graute mir bei dem Gedanken, selbst nachzukommen. Bandi wurde in Frankfurt von Mitarbeitern der ungarischen Handelsvertretung abgeholt und fürs Erste in einer schönen, sehr komfortablen Wohnung untergebracht, in der bereits zwei seiner Kollegen wohnten. Jeden Morgen holte ihn ein Chauffeur ab, um ihn zu seinem Arbeitsplatz in der Wöhlerstraße 1 zu fahren. Seine Einweisung übernahmen anfangs zwei deutsche Sekretärinnen, da die Chefstelle gerade unbesetzt war. Das erfuhr ich aus den Briefen, die Bandi mir schrieb. Und sein Monatsgehalt – wir hatten es ja kaum zu glauben gewagt – war tatsächlich so hoch, wie man es ihm versprochen hatte. Es dauerte nicht lange, und er schickte mir ein großes Paket mit einem neuen Mantel und allerlei anderen schönen Sachen. Natürlich vergaß er auch seine Mutter und seine kleine Tochter nicht. Es war ein Traum, endlich hörten die finanziellen Sorgen auf …

Bandi und ich schrieben uns nicht nur regelmäßig, hin und wieder konnten wir sogar miteinander telefonieren. Der Gedanke, selbst nach

Deutschland zu gehen, war nach wie vor sehr bedrückend, und ich verdrängte ihn, so gut ich konnte. Doch Anfang Mai schrieb mir Bandi, dass der neue Chef der Handelsvertretung in etwa zwei Wochen seinen Dienst in Frankfurt antreten werde. Herr Gati – so hieß er – würde uns dann mitnehmen, wir sollten schon mal anfangen zu packen. Jetzt konnte ich einer Entscheidung nicht mehr ausweichen. Ich sollte in Deutschland leben, im Land der Mörder meiner Familie? Die Gedanken wirbelten wild durch meinen Kopf, und Wut schoss in mir hoch. Wie konnte Bandi das von mir verlangen? Wie konnte er mich vor vollendete Tatsachen stellen? Warum mutete er mir das zu?

Ich wusste, dass ich furchtbar ungerecht zu ihm war, denn schließlich hatte ich ihm ja auch nichts von meinen Erfahrungen mit den Deutschen und Auschwitz erzählt. Aber für mich war die Vorstellung, nach Deutschland zu gehen, schrecklich. Ich konnte kaum klar denken. Verwirrt setzte ich mich zu Judith ans Kinderbett und betrachtete lange meine schlafende Tochter. Langsam wurde ich ruhiger und fasste letztlich einen Entschluss. Leise flüsterte ich: »Eines verspreche ich dir: Du wirst nie Angst haben müssen. Ich werde dich immer beschützen, was auch geschieht. Ich werde nie jemanden in deine Nähe lassen, der dir etwas antun möchte.« Egal, wo wir leben würden, ich würde stark sein.

Am 17. Mai 1954 war es dann so weit: Bandis neuer Chef holte mich und Judith ab, und gemeinsam fuhren wir mit dem Zug in Richtung Deutschland. Nach einer zehnstündigen Fahrt trafen wir am Frankfurter Hauptbahnhof ein, wo Bandi schon auf uns wartete. Freudestrahlend begrüßte er mich und nahm dann glücklich seine kleine schlafende Tochter auf den Arm. Nachdem er auch Herrn Gati begrüßt hatte, gingen wir zum Parkplatz, wo bereits ein Chauffeur mit einem Mercedes auf uns wartete. Erschöpft fiel ich in die Sitze und genoss die Fahrt. Plötzlich wachte Juditka auf und schaute sich erstaunt um. Dann deutete sie mit dem Zeigefinger auf den Vorgesetzten ihres Vaters und sagte: »Papa.« Alle lachten, nur mein Mann nicht. Er war tief getroffen, gestand er später, und versprach, sich nie wieder so lange von uns zu trennen.

Unterwegs ließ der Chauffeur erst Herrn Gati aussteigen, dann fuhr er uns zu unserer neuen Wohnung in der Hügelstraße 83, die die Handelsvertretung Bandi zur Verfügung gestellt hatte. Sie hatte ein Zimmer mit Kochnische, ein Bad und einen kleinen Balkon und war vollständig eingerichtet. Nur ein Kinderbett und ein Grundig-Radio mit integriertem Tonbandgerät hatte mein Mann noch dazugekauft. Sogar der Kühlschrank war gefüllt. Ich war beeindruckt. »Siehst du«, sagte Bandi, der meine unguten Gefühle bezüglich des Umzugs offensichtlich bemerkt hatte, »und dabei hast du gar nicht herkommen wollen.«

»Ich bin deinetwegen da und nicht wegen eines Radios und etwas Wurst und Käse im Kühlschrank«, grummelte ich.

Doch die erste Nacht war furchtbar. Ich träumte, ich wäre wieder in Auschwitz ... in einem Waschraum ... Schläge prasseln auf mich nieder ... in der Tür steht meine Mutter, sie hat die Hand nach mir ausgestreckt, doch sie kann mich nicht erreichen ... da tritt »Onkel Welityel« mit einem zynischen Lächeln zwischen uns ...

Schreiend wachte ich auf – und schaute in die blauen Augen meiner kleinen Tochter, die besorgt vor meinem Bett stand. Bandi war schon zur Arbeit gefahren. Ich beruhigte mich wieder und beschloss, meinem Mann nichts von dem Traum zu erzählen. Ich wollte, dass wir glücklich werden, und ich dachte, es sei das Beste zu schweigen.

Bandi kam an diesem Tag früh nach Hause, weil er mit uns noch einen gemeinsamen Einkaufsbummel machen wollte. Wir fühlten uns sehr reich. Mein Mann bekam nicht nur 1400,– DM Monatsgehalt, die Handelsvertretung übernahm zusätzlich alle Fixkosten wie die Miete und Ähnliches. Als ich in einem Kaufhaus zwei Pullover anprobierte und mich nicht gleich entscheiden konnte, beschloss mein Mann kurzerhand, dass wir beide kaufen sollten. Das Gleiche passierte im Schuhladen. Wir waren überwältigt von dem Warenangebot – kein Vergleich mit Ungarn.

Diese Seite meines neuen Lebens genoss ich sehr, aber vieles fiel mir doch unendlich schwer. Da war zum einen die Sprache: Ich verstand kein Wort. Als Judith einmal eine Nacht lang sehr viel geweint hatte, sprach mich am nächsten Morgen eine Nachbarin an. Ihrem Tonfall nach zu urteilen war sie sehr aufgebracht. Oder besorgt. Oder beides. Ein Wort schien in ihrem Redeschwall eine besonders wichtige Rolle zu spielen, denn sie verwendete es immer wieder, wenn auch leicht unterschiedlich: »weinen«, »geweint«. Ich lächelte die Frau beschwichtigend an und versuchte ihr begreiflich zu machen, dass ich kein Deutsch verstand, nur Ungarisch. Zu Hause blätterte ich dann so lange im Wörterbuch, bis ich die Bedeutung des Wortes »weinen« herausgefunden hatte.

Eva mit ihrer Tochter Judith in Frankfurt am Main, 1955/56

Anfangs war es sehr mühselig, den Alltag zu meistern. Eines Tages wollte ich gerne einen Kuchen backen, mir fehlte nur noch Hefe. Das kann ja kein Problem sein, dachte ich selbstbewusst und marschierte in die Bäckerei auf der gegenüberliegenden Straßenseite. Allerdings konnte ich nirgends Hefe entdecken, und als die Verkäuferin mich ansprach, verstand ich kein Wort. Oje, dachte ich, hätte ich doch das Wörterbuch mitgenommen. In meiner Not gestikulierte ich mit meinen Händen und versuchte zu radebrechen: »Erst klein, dann groß, dann groß, groß, ganz groß.« Alle blickten mich verwundert an, keiner verstand, was ich wollte. Also versuchte ich es ein zweites Mal, und diesmal ging einer der beiden Verkäuferinnen ein Licht auf. Sie griff unter die Theke, holte einen Block Hefe hervor und schaute mich fragend an. Ich nickte erleichtert, und sie schnitt mir ein Stück ab. Nach diesem Erlebnis nahm ich mir vor, ganz schnell Deutsch zu lernen. Meine Tochter hatte damit überhaupt kein Problem, es dauerte nicht lange, und Judith wechselte mühelos von der einen zur anderen Sprache. Bald lernte ich von ihr.

Andor Szepesi auf einer Messe, 1955

Wir hatten ein gutes Leben in Frankfurt und manchmal konnten wir sogar richtigen Luxus genießen. So lud uns Bandis Chef im Sommer 1954 zur Feier unseres dritten Hochzeitstages nach Baden-Baden ins Hotel Atlantik ein. Seine Familie, die inzwischen auch in Frankfurt angekommen war, und wir drei Szepesis bezogen eine große Suite mit einem riesigem Badezimmer und eigener Terrasse. Den Hochzeitstag selbst feierten wir mit einem abendlichen Galadiner. Was für ein Unterschied zu unserem bedrückten Beisammensitzen drei Jahre zuvor! Den Rest der Zeit verbrachten wir mit gemeinsamen Ausflügen in den Schwarzwald. Es war herrlich.

Als wir Ende des Jahres für vier Wochen nach Budapest fuhren, fiel uns der unterschiedliche Lebensalltag in Deutschland und Ungarn noch krasser ins Auge. Wir hatten viele Geschenke dabei. Schon mit einem Kugelschreiber oder einer Banane machten wir jemanden wirklich glücklich, bei einem Pullover war die Freude unbeschreiblich. Meine Schwiegermutter konnte überhaupt nicht begreifen, wie gut es die Menschen im Westen hatten.

Bandis Arbeit brachte es mit sich, dass wir in Deutschland viel herumkamen. Die ungarische Vertretung organisierte regelmäßig Empfänge in anderen Städten, und wann immer eine der anderen osteuropäischen Handelsvertretungen, etwa die der Sowjetunion, Bulgariens oder der ČSSR, eine Einladung aussprach, standen wir selbstverständlich auf der Gästeliste. Hinzu kamen noch interessante Messebesuche. Ich erinnere mich, dass Bandi während der Lebensmittelmesse »Anuga« einmal innerhalb von kürzester Zeit für ein gerade neu eröffnetes ungarisches Restaurant in Köln die vier besten Köche Budapests auftreiben sollte. Das gelang ihm tatsächlich. Aber damit fingen die Probleme erst richtig an, da keiner dieser Spitzenköche bereit war, sich in die Niederungen des Zwiebel- und Paprikaschneidens herabzulassen. Aber was wäre die ungarische Küche ohne diese köstlichen Zutaten? Doch Bandi wuchs wieder einmal über sich selbst hinaus. Mit Engelszungen sprach er auf die Köche ein, bis sie sich letztlich doch selbst dazu bereit erklärten, die Messer zu schwingen. Sie zauberten typisch ungarische Leckerbissen: Gulasch, gefüllte Paprikaschoten, gefülltes Kraut und zum Nachtisch wunderbare Palatschinken – Letztere natürlich ohne Zwiebeln und Paprika!

1956 zogen wir in eine neue, etwas größere Wohnung am Westendplatz 29. Wir hatten zuvor lange gesucht und uns unter anderem für eine Wohnung in der Kölner Straße 10 interessiert. Diesen Tipp hatte uns ein Kollege Bandis aus der Handelsvertretung gegeben, der dort ebenfalls einziehen wollte. Glücklicherweise hatte das nicht geklappt, denn am 4. Dezember 1955 – einen Tag nach der Einweihungsparty des frisch vermählten Kollegen – wurde das Mietshaus von einer heftigen Explosion zerstört. Dreißig Tote waren zu beklagen; Bandis Kollege und seine Frau konnten aber zum Glück geborgen werden.

Die Wohnung am Westendplatz, deren ziemlich hohe Miete weiterhin Bandis Arbeitgeber übernahm, gefiel mir auch deshalb so gut, weil genau gegenüber ein kleiner Park mit einem Kinderspielplatz lag. Dort verbrachte ich viel Zeit mit Judith, die auch gleich Freunde fand. Eine Nachbarsfamilie hatte zwei Mädchen ungefähr in ihrem Alter. Sie besuchten sich manchmal gegenseitig, doch Bandi und ich selbst hatte wenig Kontakt zu den Nachbarn.

Ein aufregender Urlaub

Unsere Urlaube verbrachten wir oft in Budapest – so auch im Herbst 1956. Judith und ich wurden im Oktober von einem Kollegen meines Mannes mitgenommen, der mit seiner Familie ebenfalls nach Hause fuhr. Bandi kam eine Woche später nach. Wie immer führte ihn sein erster Weg ins Ministerium, wo er unsere Pässe abgeben musste, dann feierten wir ausgiebig das Wiedersehen mit seiner Familie. Die Nachbarschaft schien kein anderes Gesprächsthema zu haben als die Anzahl der Koffer und Pakete, die wir mitgebracht hatten. Und wieder einmal verteilten wir großzügig unsere kleinen Geschenke, über die sich alle so sehr freuten: Schokolade, Ölsardinen, Reis, Bananen, Kugelschreiber. Wir schämten uns beinahe, der Lebensstil in Ungarn und Deutschland war so erschreckend unterschiedlich. Gerade die jüngeren Leute, mit denen wir sprachen, waren mit den Verhältnissen im Land sehr unzufrieden.

Am nächsten Morgen musste Bandi noch einmal ins Ministerium, von wo er mittags ganz aufgelöst zurückkam. Überall auf den Straßen und in den Parkanlagen, erzählte er, würden sich Jugendliche und Studenten versammeln, rot-weiß-grüne Fahnen schwenken und »Für ein freies Ungarn!« rufen. Wir waren sehr aufgeregt, schon in der vorangegangenen Nacht hatten wir vereinzelt Schüsse gehört, sie aber nicht einordnen können. Nun berichteten Nachbarn, dass sogar Blut geflossen sei. Nach Bandis Bericht trauten wir uns nicht mehr vor die Haustür.

Dann hörten wir, dass die Grenzen offen seien. Wer könne, hieß es, verlasse das Land. Was tun? Sollten auch wir schnell zurück nach Frankfurt? Doch was würde dann aus unseren Angehörigen? Wir beschlossen, Ruhe zu bewahren und erst einmal abzuwarten. Doch Bandis Cousinen setzten sich mit ihren Familien nach Österreich ab, auch Tante Olgas Schwester Ilonka mit ihrem Sohn Deszö war plötzlich weg. Die Proteste setzten sich fort, auch die Schießereien. Die sowjetischen Truppen verstärkten in den nächsten Tagen ihre Präsenz.

Für uns war das eine beunruhigende Zeit. Wir organisierten Wachen vor dem Haus und auch auf den einzelnen Stockwerken. Die Nachricht erreichte uns, dass eine Gruppe junger Leute in die Kilian-Kaserne eingedrungen sei, um sich mit Waffen zu versorgen. Aber die von vielen ersehnte Hilfe aus dem Westen blieb aus, stattdessen wurde der ungarische Volksaufstand – mit diesem Begriff gingen die Geschehnisse später in die Geschichtsbücher ein – blutig niedergeschlagen. Mit János Kádár an der Spitze setzten die Russen eine neue Regierung ein, verließen das Land jedoch nicht. Das Ausmaß und die Hintergründe der damaligen Ereignisse sollten wir jedoch erst sehr viel später begreifen.

Im November 1956 hatten wir andere Probleme: Unsere Urlaubszeit war schon längst abgelaufen, trotzdem saßen wir noch immer in Budapest fest. In mehreren Telegrammen forderte Bandis Chef die sofortige Rückkehr des »Genossen Szepesi« nach Frankfurt, weil dieser für die gesamte Buchhaltung sowie die Vertretung mehrerer ungarischer Firmen in Westdeutschland verantwortlich sei. Bandi selbst suchte fast täglich das Ministerium auf, das merkwürdig leer erschien, weil viele seiner Kollegen ebenfalls ins Ausland geflohen waren, und wartete auf Anweisungen. Er erhielt aber keine eindeutigen Informationen, bis man ihm am 31. Dezember plötzlich doch noch unsere Pässe aushändigte. Nach Wochen der Ungewissheit konnten wir nun nach Frankfurt zurückreisen, doch der Abschied von der Familie war sehr schwer, da keiner wusste, wie es in Ungarn weitergehen würde. Und auch unsere persönliche Zukunft lag im Ungewissen.

Die Rückreise mit der Bahn war lang und strapaziös. Da die Strecke über Wien gesperrt war, mussten wir über Prag fahren. Die Verhältnisse im Zug spotteten jeder Beschreibung, so überfüllt und dreckig war er. Ich hätte nie gedacht, dass ich mich einmal so freuen würde, mit der Deutschen Bahn fahren zu dürfen, aber als wir an der tschechischdeutschen Grenze umstiegen, atmete ich doch erleichtert auf. Jetzt hatten wir wenigstens ordentliche Plätze, und um die Sauberkeit im Abteil war es auch bedeutend besser bestellt. Insgesamt waren wir fast vierundzwanzig Stunden unterwegs. Judith freute sich: »Wir fahren jetzt nach Hause, wir fahren jetzt nach Hause, ach wie schön, wie schön, wie schön«, trällerte sie immer wieder. Mir aber versetzten ihre Worte einen Stich. Sollte Deutschland für unsere Tochter wirklich ihr Zuhause sein? Ich verdrängte den Gedanken schnell wieder, denn ich war sicher, dass unsere Zeit in Frankfurt bald vorbei sein würde und wir für immer nach Ungarn zurückkehren würden.

In Frankfurt holten uns Herr Gati und seine Frau vom Bahnhof ab und begleiteten uns zu unserer Wohnung. Unterwegs sagte Frau Gati unvermittelt: »Ich gehe doch davon aus, dass Familie Szepesi hier bleiben möchte?«

Meinte sie das ernst? Oder ironisch? Bandi wusste sich geschickt aus der Affäre zu ziehen und gab zurück: »Wir werden sehen, was Familie Gati machen wird.«

Doch Frau Gati ließ nicht locker: »Wie ich sehe, trägt der Genosse Szepesi jetzt plötzlich einen Familienring, den ich vorher nie an seinem Finger gesehen habe.«

Als guter Kader hatte man sich immer ärmer zu zeigen, als man in Wirklichkeit war. Überrascht und verlegen schaute ich auf die Hand meines Mannes, und tatsächlich trug er den Ring. Er musste ihn sich in Budapest an den Finger gesteckt haben, ohne groß darüber nachzudenken. Bandi erwiderte nichts, aber die Situation war uns ziemlich unangenehm. Doch als wir in unserer Wohnung ankamen, war der Zwischenfall schnell wieder vergessen. Während unserer Abwesenheit waren so viele Päckchen und Pakete für Bandi angekommen, dass wir es kaum fassen konnten – alles Weihnachtsgeschenke seiner deutschen Geschäftspartner: Porzellanfiguren, Kalender, Pralinen und viele andere Süßigkeiten. Wir freuten uns sehr über diese Anerkennung seiner Arbeit.

Ansonsten war erst einmal alles wie zuvor. Wir lebten und arbeiteten. Der Aufforderung, in die »neue« Kommunistische Partei einzutreten, kamen wir nicht nach, und zum Glück war Bandis Chef so diskret, die Entscheidung seiner Mitarbeiter in einem fest verschlossenen Umschlag entgegenzunehmen und ungeprüft nach Budapest weiterzuleiten.

Eine schwere Entscheidung und ein Neuanfang

Ein halbes Jahr später, im Juni 1957, erhielt Bandi die Aufforderung, nach Budapest zurückzukehren. Seine Dienstzeit in Frankfurt sei beendet, er sollte wieder bei der Firma arbeiten, wo er vor seinem Aufenthalt in Deutschland tätig gewesen war. Wir waren zwar nicht besonders überrascht, dennoch mussten wir nun schnell eine endgültige Entscheidung treffen. Bandi fand, dass wir in Deutschland bleiben und nicht zurückgehen sollten. Mir war nicht wohl bei dieser Vorstellung, aber ich hatte das Gefühl, mich nicht dagegen stellen zu dürfen. Also schrieb mein Mann nach Budapest, dass er und seine Familie in Frankfurt bleiben würden.

Wir wussten, dass uns ein Neuanfang bevorstehen würde. Wie schwierig dieser werden würde, davon ahnten wir allerdings nichts. Die Antwort des Ministeriums ließ nicht lange auf sich warten: Man wollte uns die Wohnung wegnehmen, was aber nicht so einfach war, weil der Mietvertrag auf Bandis Namen ausgestellt war. Doch die Möbel und Einrichtungsgegenstände wurden schon nach wenigen Tagen in einem großen Möbelwagen abtransportiert. Uns blieben das Kinderbett und das Grundig-Radio – sonst nichts.

Natürlich hatten die Leute in unserer Umgebung den Lastwagen bemerkt. Mir war das unangenehm, doch die Reaktion unserer Nachbarn, mit denen wir bisher nur sehr wenig Kontakt gehabt hatten, überraschte mich sehr. Viele von ihnen klingelten bei uns und erkundigten sich, was denn los sei und ob sie uns in irgendeiner Weise behilflich sein könnten. Besonders nachdrücklich bot das Ehepaar Werkmeister, die Eltern der beiden Mädchen, mit denen sich Judith gleich nach unserem Einzug angefreundet hatte, seine Unterstützung an. Sie schenkten uns Matratzen, Stühle, einen Tisch und was wir sonst noch so brauchten. Endlich kamen wir auch ins Gespräch miteinander. Die Werkmeisters erzählten uns, dass sie während der Ereignisse in Budapest ständig vor dem Fernseher gesessen und sich um uns gesorgt hätten, vor allem um Judith. Es war der Anfang einer schönen nachbarschaftlichen Freundschaft, die noch lange Bestand hatte, selbst als wir schon längst nicht mehr am Westendplatz wohnten.

Denn dass wir diese Wohnung nicht lange halten konnten, war uns völlig klar. Sie war viel zu teuer, und Bandi hatte ja keine Arbeit mehr. Wieder stand uns die Familie Werkmeister bei. Über einen Bekannten des Mannes erfuhren wir von einer günstigen, gerade erst bezugsfertig gewordenen Zweizimmerwohnung in der Wilhelm-Hauff-Straße 10. Der einzige Haken war ein Baukostenzuschuss, den wir zahlen mussten. Doch Herr Werkmeister, der bei einer kleinen Privatbank beschäftigt war, konnte uns zu einem Darlehen verhelfen: Viertausend Mark zu fünf Prozent, Laufzeit zwei Jahre. Jetzt musste Bandi allerdings umso dringender eine neue Anstellung finden, bevor unsere Schulden noch größer wurden. Unser Nachbar wollte ihm auch gerne bei der Arbeitsuche helfen, aber selbst die besten Kontakte halfen nicht: In ganz Frankfurt schien niemand einen Kürschner zu brauchen. Also nahm Bandi jede Arbeit an, die er finden konnte: erst in einem Lager für Kühlschränke, dann als Buchhalter.

Um das Haushaltseinkommen aufzustocken, beschloss ich, mit Schneiderarbeiten etwas dazuzuverdienen. Zunächst suchte ich einen Kindergarten für Juditka und war froh, einen zu finden, der nur ein paar Schritte von unserer neuen Wohnung entfernt lag. Da er von katholischen Nonnen geführt wurde, musste ich bei der Anmeldung die Konfession meines Kindes angeben. Ich brachte es nicht übers Herz, sie als »jüdisch« eintragen zu lassen, und gab »evangelisch« an.

Zu tief saß in mir die Angst vor Verfolgung und Spott. Meine Tochter sollte nie erfahren, dass sie Jüdin ist.

Da Judith nun tagsüber einige Stunden versorgt war, gaben Bandi und ich eine Anzeige in der Zeitung auf: »Haben Sie Kleidersorgen??? Dann kommen Sie zu ›Eva‹. Änderung und Ausbesserung von Damen- und Kinderbekleidung sowie Pelzen.« In den folgenden Wochen hörte das Telefon gar nicht mehr auf zu klingeln. Ich bekam so viele Aufträge, dass wir es uns bald leisten konnten, im Souterrain des Hauses in der Hauffstraße einen zusätzlichen Raum anzumieten. Zu meinem Service gehörte es anfänglich auch, dass ich die Sachen abholte und sie nach der Reparatur auch wieder zurückbrachte. Das schien eine echte Marktlücke zu sein, denn die Kunden nahmen das Angebot gerne an. Ich kam dabei viel in Frankfurt herum: Ich besuchte die Wohnbezirke der ganz Reichen, klingelte aber auch bei Straßenmädchen. Doch bald wuchs mir die Arbeit so über den Kopf, dass ich die vielen Wege zeitlich gar nicht mehr schaffte. Ich musste meinen Service einstellen und mir die Sachen bringen und abholen lassen. Aber das schadete meinem Umsatz in keiner Weise. Nachdem wir die Änderungsschneiderei noch um eine Annahmestelle für chemische Reinigung ergänzt hatten, gab Bandi seine Buchhaltertätigkeit auf und widmete sich vorübergehend ganz unserem kleinen Unternehmen. Die Kunden waren mit unserer Arbeit sehr zufrieden, und wir spürten, wenn wir nur weiterhin so fleißig waren, dass wir uns eine neue Existenz aufbauen konnten.

Die ganze Zeit gab mein Mann seine Hoffnung nicht auf, wieder in seinem erlernten Beruf als Kürschner arbeiten zu können, auch wenn es lange aussichtslos erschien. Eines Tages las er jedoch in der Zeitung eine Stellenanzeige der großen Pelzfirma Gerson. Als er sich meldete, war die Stelle zwar schon besetzt, aber man stellte ihm in Aussicht, eventuell in Heimarbeit für die Firma tätig werden zu können. Zunächst sollte er als Probe seines Könnens einen Mantel anfertigen. Die dazu nötigen Felle wurden gestellt und auch alles, was er sonst so brauchte. Bandi schuf einen, wie ich fand, wunderschönen Mantel. Als er ihn abgab, wurde das feine Stück von innen und außen aufs Genaueste begutachtet. Lange sagte niemand ein Wort, und mein Mann erzählte mir später, er sei schon ganz nervös geworden. Dann endlich fiel das Urteil des zuständigen Gerson-Mitarbeiters. »Diesen Mantel zu sehen, ist eine richtige Wohltat«, meinte er anerkennend. »Wenn doch bloß alle Heimarbeiter so gut arbeiten würden.«

Mit drei Bund Persianer-Breitschwanz bester Qualität und dem Auftrag, elegante Mäntel daraus herzustellen, kam mein Mann mit stolzgeschwellter Brust nach Hause. Ich freute mich mit ihm. Auf Raten kauften wir eine Pelznähmaschine. Neben dem Kredit für den Baukostenzuschuss war da nun noch etwas, was uns hohe monatliche Zahlungen abverlangte. Aber wir waren ja noch jung, versuchten wir uns immer wieder einzureden. Trotzdem, uns beschlich immer wieder Angst vor der Zukunft. Was, wenn wir den finanziellen Belastungen auf Dauer nicht gewachsen waren?

Für uns waren es schwere Jahre, oft war das Geld sehr knapp. Ich erinnere mich noch genau an einen Samstag, als ich keinen Pfennig mehr in der Haushaltskasse hatte. Ich konnte die Lebensmittel fürs Wochenende nicht einzukaufen und wartete sehnsüchtig auf einen Kunden, der versprochen hatte, seinen Anzug an diesem Tag abzuholen. Kurz vor 14 Uhr – gleich machten die Geschäfte zu – kam er endlich und zahlte seine 6,50 Mark. Kaum war er aus der Tür, rannte ich damit schnell zum nächstgelegenen Supermarkt und schaffte es gerade noch, rechtzeitig, Milch, Brot, Butter und hundert Gramm gemischten Aufschnitt fürs Wochenende einzukaufen. Glück gehabt!

Parallel zum Aufbau unserer neuen Existenz dachten wir aber auch darüber nach, nach Kanada auszuwandern, wo Bandis Cousine mit ihrer Familie lebte. Unser erster Antrag wurde von den kanadischen Behörden abgelehnt, weil Bandi Mitglied der Kommunistischen Partei gewesen war. Als wir uns zehn Jahre später, Ende der sechziger Jahre, noch einmal darum bemühten, klappte es zunächst wunderbar. Wir hatten alle erforderlichen Papiere eingereicht, erhielten tatsächlich die Einreisegenehmigung und hätten quasi nur noch packen müssen. Doch in buchstäblich letzter Minute machte mein

Mann einen Rückzieher. Nachdem er nachts schweißgebadet aus Albträumen aufgewacht war, sagte er mir, dass er sich einen so großen Wechsel in seinem Leben nicht vorstellen könne und ihm die Kraft für einen nochmaligen Neuanfang fehle. Ich war ein bisschen enttäuscht, trug seine Entscheidung aber selbstverständlich mit.

Mazzes

Über die Arbeit in der Änderungsschneiderei ergaben sich auch neue Freundschaften. Zu meinen Kunden gehörte auch Lilli Pintér, eine Ungarin, die zusammen mit ihrem Mann und ihrer Tochter Susi schon länger in Frankfurt lebte. Während einer Anprobe kamen wir zum ersten Mal etwas intensiver ins Gespräch. Wie sich herausstellte – ich konnte es kaum glauben – war Frau Pintér als junge Frau Kindergärtnerin in Pesterzsébet, meinem Heimatort bei Budapest, gewesen. Und was für ein Zufall: Ich war als Kind einige Monate in ihrer Obhut gewesen. Sie nannte mir ihren Mädchennamen, aber ich konnte mich nicht wirklich an sie erinnern. Doch von nun an luden uns die Pintérs jeden Samstag zum Kaffee ein, um danach stundenlang mit uns Canasta, ein sehr vergnügliches Kartenspiel, zu spielen.

Lilli Pintér wurde eine meiner besten Freundinnen. Sie war es auch, die in einem ganz wichtigen Punkt in Juditkas Erziehung eingriff. Als ich in einem Gespräch von Judiths Schulerfahrungen erzählte, erwähnte ich auch beiläufig, dass wir unsere Tochter als »evangelisch« angemeldet hatten, wie zuvor im Kindergarten. Lilli sah mich fragend an, und ich fügte erklärend hinzu, dass Judith nicht wissen solle, dass sie Jüdin sei. Dann wechselte ich schnell das Thema. Doch Lilli beschäftigte dies offenbar sehr, denn vor unserem Aufbruch nahm sie mich noch einmal zur Seite und redete mir unter vier Augen ins Gewissen. »Du kannst deinem Kind doch seine Religionszugehörigkeit nicht verschweigen. Das geht einfach nicht. Du musst es Judith sagen, und am besten so schnell wie möglich.«

»So schnell wie möglich« – leichter gesagt als getan. Ich wollte doch nur das Beste für mein Kind, aber war mein Weg wirklich der richtige? Ich dachte lange über das Gespräch nach, quälte mich mit einer Entscheidung, doch letztendlich nahm ich all meinen Mut zusammen. Ich sprach mit Bandi, und kurz vor Ostern besorgte ich ganz viel Mazzes.[22] Als Judith mit uns zusammen am Küchentisch saß, teilte ich ihr mit, dass sie nicht evangelisch sei, sondern der jüdischen Religion angehöre. Ich tat so, als sei das das Selbstverständlichste der Welt. Bandi und ich erzählten ihr vom Pessach-Fest, dass wir dieses Fest feiern und acht Tage lang kein Brot, sondern Mazzes essen würden – zum Andenken an die Wanderungen der Juden durch die Wüste, als sie keine Zeit hatten, den Teig aufgehen zu lassen. Mit ihren schönen großen Augen schaute mich Juditka verwundert an, lauschte konzentriert jedem Wort. Und dann sprang sie plötzlich fröhlich auf und rief etliche Male: »Ich freue mich, dass ich ein Mazzes-Kind bin, ich freue mich, dass ich ein Mazzes-Kind bin ...« Ich war total erleichtert – wie unproblematisch diese Frage für Judith doch zu sein schien. Ich drückte sie fest an mich. Von nun an wurde Juditka einmal wöchentlich mit dem Bus abgeholt und zum Religionsunterricht gefahren. An unseren hohen Feiertagen besuchten wir gemeinsam die Synagoge.

Etwas später fand der sogenannte Eichmann-Prozess in Jerusalem statt.[23] Ich erfuhr aus den Medien, wie Adolf Eichmann gefunden, über-

22 Mazze ist eine sehr ursprüngliche Brotvariante, die schnell und nur mit Mehl und Wasser hergestellt wird, um jegliche Gärung zu vermeiden. Dieses reine, ungesäuerte Brot wurde im alten jüdischen Tempel zu Jerusalem als Opfergabe dargebracht. Während des Pessachfestes darf kein anderes Brot gegessen werden – in Erinnerung an die biblische Geschichte, in der die Israeliten überstürzt aus der ägyptischen Versklavung flohen und keine Zeit fanden, den Teig gehen zu lassen.

23 Adolf Eichmann war einer der maßgeblichen Organisatoren des Völkermords. Unter anderem wurde er im März 1944 nach Budapest gesandt, um die Deportation der ungarischen Juden nach Auschwitz zu leiten. Nach Ende des Zweiten Weltkrieges wurde Eichmann verhaftet, 1946 gelang ihm jedoch die Flucht aus US-amerikanischer Haft. Er tauchte als Holzarbeiter in der

führt und in Israel angeklagt wurde. Zusammen mit Bandi verfolgte ich intensiv die Berichterstattung. Eichmann war an zentraler Stelle für die Deportation und Ermordung der ungarischen Juden verantwortlich – für den Tod meiner Mutter und meines Bruders. Und nun saß er da in einem Glaskasten, ein unauffälliger Mann mit schiefem Mund und einer Brille. Mir schauderte. Wie war es möglich, dass ein Mensch all diese mörderischen Befehle und Anordnungen hatte erlassen können? Und besonders schockierte mich, dass Eichmann sich selbst für unschuldig hielt. Als er zum Tode verurteilt wurde, konnte ich den Gedanken nicht loswerden, dass davon weder meine Mutter noch Tamás noch die sechs Millionen ermordeten Juden aus ganz Europa wieder lebendig würden. Das Ganze wühlte mich furchtbar auf. Ich war kaum in der Lage, meine Arbeit zu erledigen. Obwohl wir dringende Aufträge hatten, lag ich tagelang apathisch im Bett und konnte nicht aufstehen. Judith, die merkte, dass etwas nicht in Ordnung war, kam zu mir und fragte mich: »Mutti, warum bist du so traurig?« »Ich bin doch nicht traurig«, antwortete ich ihr – aber die Wahrheit war, dass die Konfrontation mit dem Eichmann-Prozess mich völlig überforderte.

Noch ein Kind

Trotz ihrer frohen Natur war es keine leichte Zeit für Juditka. Sie fühlte sich oft allein, besonders die Abende, wenn Bandi und ich in unserer Werkstatt im Souterrain arbeiteten, waren schlimm für sie. Häufig rief sie mich hoch, und so manches Mal stand sie um zehn Uhr abends in der Tür.

Lüneburger Heide unter. 1950 gelang es ihm, über die sogenannte Rattenlinie nach Argentinien auszureisen, wo er unter dem Namen Ricardo Clement mit gefälschten Papieren lebte. Am 11. Mai 1960 wurde er, nachdem ihn israelische Agenten aufgespürt hatten, in Buenos Aires entführt, nach Israel gebracht und dort angeklagt. Der Prozess gegen ihn fand zwischen April und Dezember 1961 in Jerusalem statt und endete mit einem Todesurteil. Eichmann wurde am 1. Juni 1962 in Ramleh bei Tel Aviv hingerichtet.

»Mami, warum habe ich keinen Opa und keine Oma, die bei mir sein können, und keine Geschwister, wie die anderen Kinder in meiner Klasse?«, fragte sie mit wachsendem Nachdruck. Eines Tages verlangte sie bettelnd: »Dann kauft mir doch wenigstens einen Hund.« In dem Augenblick wusste ich, dass Juditka ein Geschwisterkind brauchte – und zwar dringend. Doch Bandi wollte erst nichts davon wissen: »Wir können uns ja nicht einmal ein Haustier leisten, geschweige denn ein weiteres Kind.«

Im Grunde hatte er ja recht, aber ich konnte nicht mehr vernünftig denken. Ich war erfüllt von der Sehnsucht nach einem zweiten Kind und dem Wunsch, Juditka von ihrer Einsamkeit zu befreien. Ich wollte so gerne schwanger werden – und 1963 war ich es dann auch. Bandi freute sich mit mir ebenso wie Judith, die ganz versessen auf ein Schwesterchen oder Brüderchen war.

In dieser Zeit erhielt meine Schwiegermutter nach einigen Anläufen zum ersten Mal die Genehmigung, uns in Westdeutschland zu besuchen. Ihr Visum war drei Monate lang gültig, und sie legte ihre Reise so, dass sie bei der Geburt ihres dritten Enkelkindes in Frankfurt sein konnte. Im Frühjahr 1964 kam sie zu uns. Obwohl sie schon sehr krank war, half Ilónka mir im Haushalt, wo sie nur konnte. Ich war ihr für ihre große Hilfe sehr dankbar, denn ich war ja hochschwanger. Wir freuten uns alle sehr auf das ersehnte Datum. Und tatsächlich erblickte meine zweite Tochter Anita in der Nacht des 5. Mai das Licht der Welt.

Judith, die fast zwölf Jahre alt war, kümmerte sich wie eine kleine Mama um ihre Schwester. Nach der Schule spielte sie mit ihr oder fuhr sie im Kinderwagen im nahe gelegenen Palmengarten spazieren.

Etwa zwei Jahre später besuchte uns Ilonka noch ein weiteres Mal. Dieses Mal hatte sie sogar ein Visum für ihre damals etwa siebzehnjährige erste Enkelin Ági bekommen können. Für die Tochter von Bandis Schwester war es die erste Gelegenheit, ins westliche Ausland zu reisen. Und wie wir selbst einige Jahre zuvor, staunte sie sehr über das reichhaltige Angebot in den Warenhäusern und Lebensmittelgeschäften. Wir genossen den Besuch der beiden sehr. Als meine Schwiegermutter einige Jahre später, im Dezember 1970, starb, war das ein großer Verlust für uns. Mein Mann litt sehr unter ihrem Tod, und besonders verbitterte ihn, dass er keine Einreisegenehmigung nach Ungarn erhielt und deshalb nicht an ihrer Beerdigung teilnehmen konnte.

Unverhoffte Wiedersehen

Anita war noch ein Baby, als etwas Außergewöhnliches geschah. Tante Lilli, die Halbschwester meiner Mutter, rief mich an. Ich war total überrascht: »Lilli, du lebst?« Sie erzählte mir kurz, wie sie mich gefunden hatte. Lilli, die jetzt in Bratislava wohnte, hatte in den Jahren nach dem Krieg immer wieder nach ihren überlebenden Verwandten gesucht. Über die ungarische Meldebehörde hatte sie Tante Olga und Onkel Imres Adresse herausgefunden, bei der ich ja noch gemeldet war. Sie war sogar nach Budapest gefahren und hatte so erfahren, dass ich verheiratet war und in Frankfurt lebte. Bei späteren Besuchen hatte sie auch meine Schwiegermutter Ilonka und meine Schwägerin Kati und deren Tochter Ági kennengelernt.

Nachdem sie mir dies in groben Zügen erzählt hatte, rutschte mir unwillkürlich heraus: »Weißt du etwas von meiner Mutter?« Aber Lilli hatte auch nichts Genaues herausbekommen können. Ich war ein bisschen enttäuscht, aber ich freute mich sehr, dass Lilli sich bei mir gemeldet hatte. Ich mochte sie sehr gern, sie war immer eine lebensfrohe und lustige Person gewesen. Und etwas von ihrem fast närrischen Wesen hatte sie immer noch. Wir unterhielten uns noch eine Weile, bevor wir uns verabschiedeten.

In der folgenden Zeit hielten wir regelmäßig Kontakt. 1965 besuchte Lilli uns das erste Mal in Frankfurt. Als wir sie vom Bahnhof abholten, konnte sie die mitgebrachten Taschen, Pakete und Geschenke kaum tragen. Wir brachten meine Tante in unserer kleinen Wohnung unter, und ich saß nächtelang mit ihr zusammen, um zu erfahren, was aus meinen slowakischen Verwandten geworden war. Klari, ihre jüngste Schwester, hatte 1938 mit 16 Jahren eine der letzten Möglichkeiten genutzt, um mit der Jugendaliyah nach Palästina auszuwandern.[24] Sie hatte mehrere Jahre im Kibbuz Shaar Hagolan gelebt, dort geheiratet und Kinder bekommen. Nach dem Krieg war sie in die Slowakei zurückgekehrt, aber einige Zeit später nach Kanada emigriert. Auch Tante Dina, die 1944 in Budapest auf der Straße verhaftet und später nach Bergen-Belsen deportiert worden war, hatte überlebt. Sie war nach dem Krieg über die Schweiz und Jugoslawien, wo sie ihren späteren Mann kennenlernte, nach Palästina ausgewandert und lebte jetzt mit ihm und ihren Töchtern in Tel Aviv. Lilli und Dina schrieben sich regelmäßig, und einige Male hatten sie sich auch in Wien getroffen. Laci, ihr Bruder, war Anfang der vierziger Jahre nach Prag geflohen, hatte aber noch Kontakt zu seiner Familie gehalten. Dina erreichte noch vor ihrer Flucht nach Ungarn die Nachricht, dass er in Prag erschossen worden war.

Lilli selbst war 1942 in Klenowec verhaftet worden. In unseren langen Gesprächen erzählte sie mir ihre Leidensgeschichte: Sie war damals 24 Jahre alt, als sie der Befehl erreichte, sich am nächsten Morgen mit 20 Kilogramm Gepäck bereitzuhalten. Am folgenden Tag fuhr ein Lastwagen vor und brachte sie zusammen mit anderen jungen Frauen aus den umliegenden Dörfern zum Bahnhof. Lilli sah noch, wie ihre Mutter, Oma Etel, beim Abschied am Tor zusammenbrach und Opa Henrik, der versuchte ihr nachzulaufen, von den Männern getreten und zurück auf den Hof gestoßen wurde. Das waren die letzten Bilder, die sie von ihren Eltern hatte.

Lilli und die anderen Frauen wurden zunächst nach Poprad gebracht, wo sie Zwangsarbeit leisten mussten. Nach einiger Zeit

24 Am 30. Januar 1933 gründete Recha Freier offiziell die Kinder- und Jugendaliyah in Berlin, um jüdische Kinder vor der zunehmenden Bedrohung des NS-Regimes zu retten. Sie hatte bereits 1932 die Idee entwickelt, sie in Gruppen in das damalige Palästina zu bringen, wo sie in Kibbuzim aufgenommen wurden. Mehr als 10 000 jüdische Kinder und Jugendliche erreichten zwischen 1933 und 1943 Palästina und entkamen so dem Holocaust.

wurden etwa 1000 Lagerinsassen in Viehwaggongs getrieben und nach Auschwitz deportiert. Lilli war anfangs noch im Stammlager in Auschwitz, im Block IV der früheren Kaserne, untergebracht.[25] Sie hatte Hunger gelitten, Zwangsarbeit und Selektionen überlebt, sah Freundinnen sterben. Im Frühjahr 1943 wurde sie zur Gärtnerei versetzt, wo sie als einzige slowakische Jüdin unter lauter polnischen politischen Gefangenen arbeitete.

Lilli erzählte, dass sie im Lager relativ viel herumgekommen sei und dabei einmal sogar ihrem Bruder Oskar begegnet war. Sie entdeckte ihn in einer der Arbeitskolonnen, die im Bunawerk der IG-Farben arbeiten mussten. Als sie laut nach ihm rief, schlug ihr einer der Aufseher brutal ins Gesicht. Der Anblick Oskars traf sie wie ein Schlag: Der einst so große, starke Mann war total abgemagert und sah sehr schlecht aus. Lilli setzte alles daran, etwas Brot zu besorgen, um es Oskar zuzustecken. Doch sie sahen sich nicht mehr wieder. Lilli erfuhr von anderen Häftlingen, dass Oskar wenig später an Typhus gestorben war.

Von ihren Eltern und ihrem Bruder Zoltan hörte sie nie mehr etwas. Sie nahm an, dass meine Großeltern und mein Onkel direkt nach ihrer Ankunft in Auschwitz ermordet worden waren. Lilli, die eine sehr kämpferische Natur hatte, schaffte es, fast drei Jahre als Häftling in Auschwitz zu überleben. Am 18. Januar 1945 wurde sie mit anderen Häftlingen nach dem Zählappell nicht wie üblich zur Arbeit eingeteilt. Nach einigem Hin und Her ließ die SS Brote und sogar etwas Zucker, Margarine und Marmelade verteilen, bevor sie die Kolonne von vielen Tausenden Häftlingen aus dem Lager Richtung Westen trieb. Als sie durch die Dörfer zogen, fingen Lillis polnische Mithäftlinge an, polnische Volkslieder zu singen. Die SS erschoss daraufhin viele und ließ die Leichen an den Straßenrändern liegen.

25 Der Lagerkomplex Auschwitz bestand aus dem sogenannten Stammlager (Auschwitz I), dem Anfang 1942 errichteten Lagerteil in Birkenau mit seinen großen Gaskammern (Auschwitz II), dem Lager Monowitz beim Bunawerk der IG-Farben (Auschwitz III) sowie diversen kleineren Arbeits- und Nebenlagern in der gesamten Region.

Am Abend des nächsten Tages wurde Lillis Gruppe in eine Scheune getrieben. Ihr Bewacher war aber nicht ganz so scharf, er besorgte den Frauen in der Scheune sogar etwas Wasser. Als die Gruppe noch in derselben Nacht wieder aufbrechen sollte, fasste sich Lilli ein Herz und kroch unter einen Heuhaufen. Mit klopfendem Herz wartete sie ab. Sie hatte nie erfahren, ob ihr Bewacher es absichtlich übersehen hatte. Jedenfalls blieb ihr Versteck unentdeckt.

Am nächsten Tag machte sich Lilli bemerkbar, als eine polnische Bäuerin in die Scheune kam, um die dort ebenfalls untergebrachten Kühe zu versorgen. Die Polin winkte Lilli schnell zu, dass sie bleiben solle, wo sie war. Später kam sie mit Brot und Milch zurück. Sie warnte meine Tante, sich nicht zu zeigen, da es auf dem Hof auch Frauen gebe, die mit den Deutschen sympathisierten und sie bestimmt verraten würden. Also blieb meine Tante in ihrem Versteck und wartete ab.

In der nächsten Nacht kamen plötzlich deutsche Soldaten in die Scheune. Sie ließen sich nieder, um sich einige Stunden auszuruhen – kaum einen Meter von Lillis Versteck entfernt. Meine Tante starb fast vor Angst. Zum Glück hörten die Soldaten ihren Atem nicht, weil die Kühe in der Nähe die ganze Zeit schnauften und sich bewegten. Letztlich blieb Lilli unentdeckt, doch in diesen etwa vier Stunden waren ihre Haare ergraut.

In den frühen Morgenstunden, die Soldaten hatten die Scheune wieder verlassen, kam die polnische Frau und brachte Lilli in ihre Wohnung. Dort wartete eine alte Frau. Als Lilli hereinkam, stand sie auf und schloss sie fest in ihre Arme. Lilli erzählte, dass sie in diesem Augenblick nach langen Jahren das erste Mal wieder in Tränen ausgebrochen war. Die polnische Familie behandelte Lilli sehr nett: Sie besorgte Kleidung für sie, und der Mann begleitete sie in den nächst größeren Ort, wo er sie zwei Bahnangestellten anvertraute. Ohne zu wissen, wer sie war, nahmen diese Lilli im Zug nach Jablunkov[26] mit,

26 Jablunkov (deutsch Jablunkau, polnisch Jabłonków) ist eine Stadt in Tschechien. Sie liegt 13 Kilometer südöstlich von Třinec in den Beskiden unweit der Grenze zu Polen und der Slowakei.

von wo aus sie sich zu Fuß durch das Gebirge in Richtung Slowakei aufmachte. Einen Jungen, der auf Skiern unterwegs war, bestach sie mit einem Taschenmesser, einer Mütze und einem Taschentuch, damit er sie über die Grenze begleitete. Dort stieg meine Tante im nächsten größeren Ort in einen Zug nach Žilina[27] – ohne Ticket und ohne Passierschein. Als der Schaffner kam, gab sie zu, dass sie keinen Fahrschein besaß. Doch der Mann, der mit ihr im selben Abteil fuhr, bot an, ihre Fahrkarte zu bezahlen. Er redete sogar so lange auf den Schaffner ein, bis dieser sich bereitfand, über den fehlenden Passierschein hinwegzusehen. Solch eine Unterstützung von einem völlig Fremden, ohne dass dieser eine Gegenleistung verlangte, war für Lilli kaum zu glauben. In Žilina begleitete der hilfsbereite Mann Lilli sogar noch aus dem Zug.

In der Stadt fand Lilli für eine Nacht Unterschlupf bei einer befreundeten Familie, die sie zudem mit Geld und Essen für ihre Weiterreise versorgte. Dann machte sie sich auf den Weg in ihren Heimatort Klenovec, wo sie hoffte, noch Verwandte anzutreffen. Dort begegnete ihr eine frühere Bekannte, die sich aber nicht mehr an sie erinnerte. Als Lilli ihr sagte, wer sie sei, umarmte die Frau sie herzlich und brachte sie zu sich nach Hause. Obwohl der Ort voll mit Deutschen war, half sie Lilli, versteckte sie und stellte auch den Kontakt zu den Partisanen her. Ein Kurier holte Lilli eine Woche später ab und brachte sie zu einem unterirdischen Bunker, wo sie lange wartete. Als sie endlich Geräusche hörte und vorsichtig aus ihrem Versteck herauslugte, entdeckte sie zu ihrer großen Verblüffung sowjetische Soldaten. Da wusste sie, dass sie gerettet war.

Ich war von Lillis Geschichte, die sie mir Mitte der sechziger Jahre erzählte, sehr beeindruckt. Damals ahnte ich nicht, dass sie mir nicht alles offenbarte, was ihr widerfahren war. Erst als ich an diesem Buch schrieb, erfuhr ich von meiner ältesten Tochter, dass sie Lilli bei ihrem damaligen Besuch in Frankfurt mit naiver Offenheit auch danach gefragt hatte, warum sie denn keine Kinder habe. Lilli hatte ihr zögernd

27 Žilina (deutsch Sillein oder Silein, ungarisch Zsolna, polnisch Żylina) ist ein wichtiges Zentrum im Nordwesten der Slowakei.

erzählt, dass sie in Auschwitz auch Opfer medizinischer Experimente geworden sei und deshalb keine Kinder mehr bekommen könne. Das hat mich nachträglich sehr schockiert. Lilli und ich haben darüber nie miteinander gesprochen.

Die Informationen über meine Familie, die Lilli mir während ihres Besuches in Frankfurt erzählte, bedeuteten mir sehr viel. Wir unterhielten uns sehr lange darüber, und ich war traurig, als sie uns wieder verließ. Doch wir vereinbarten, dass sie uns wieder besuchen würde.

Bei ihrem nächsten Besuch, 1968, hatte Tante Lilli eine Überraschung für mich. Sie erzählte mir, dass Tante Piri noch lebte! Lilli und ihre Schwestern hatten nie viel Kontakt zu Piri gehabt, da diese eine Cousine meiner Mutter aus der Familie meiner früh verstorbenen leiblichen Großmutter war. Doch jetzt hatte Lilli herausgefunden, dass Tante Piri in Prag lebte. Im ersten Moment war ich wie vor den Kopf geschlagen. Ich fühlte mich plötzlich wieder wie als Kind, und die Frage »Warum hast du mich nicht behalten?« durchzuckte mich. Verblüfft stellte ich fest, dass mich immer noch Trauer und Bitterkeit erfüllten, wenn ich an unsere Flucht dachte und daran, dass sie mich verlassen hatte. Doch schon bald stand mein Entschluss fest: Ich würde sie besuchen.

Es dauerte eine Weile, bis ich diesen Plan umsetzen konnte, aber 1969 fuhr ich zunächst zu Lilli nach Bratislava und von dort aus nach Prag. Bandi hatte sich bereiterklärt, auf Judith aufzupassen, und Anita, die ja noch nicht zur Schule musste, nahm ich mit. Ich konnte es kaum erwarten, Tante Piri wiederzusehen. Als wir uns dann endlich in ihrer winzigen Prager Wohnung gegenüberstanden, fielen wir uns um den Hals und weinten.

Der erste Nachmittag war sehr aufregend. Meine Tante war zu diesem Zeitpunkt bereits schwer krank. Ihre Beine waren so angeschwollen, dass sie kaum noch aufstehen konnte. Neben Lilli, die uns nach Prag begleitet hatte, war auch Piris Sohn Tamás zu Besuch gekommen, und die lebensfrohe fünfeinhalbjährige Anita bestimmte das Geschehen. Erst als Anita am Abend im Bett lag, fanden Piri und ich die Zeit, uns länger zu unterhalten.

Tante Piri fragte mich nach meinen Erlebnissen nach unserer Trennung in der Slowakei. Sie hatte noch erfahren, dass ich von dem Rabbiner in die Familie von Marika gebracht worden war, aber dann hatte sie mich aus den Augen verloren. Von dem Umzug zu den Zwillingen wusste sie nichts, denn davon hatte auch der Rabbiner nicht mehr erfahren, mit dem Piri noch eine Zeit lang Kontakt halten konnte. Ich erzählte meiner Tante ein bisschen, auch von Auschwitz, aber ich spürte genau, dass es ihr sehr schwerfiel, sich das alles anzuhören. Als ich schwieg, schaute sie mich an und sagte leise zu mir: »Ich musste so handeln.«

Ich konnte nicht anders, meine alte Bitterkeit kam hoch und ich gab vorwurfsvoll zurück: »Aber du hast gesagt, dass du mich besuchst. Dass du mir schreibst?«

Tante Piri versuchte mir zu erklären, dass sie mich nicht hatte bei sich behalten können, weil die Verantwortung zu groß gewesen sei. Sie hatte nicht gewusst, wie es mit ihr selbst weitergehen würde, und der Rabbiner hatte ihr und meiner Mutter versichert, dass er mich zu einer Familie bringen würde, die mich beschützen könnte. Mich wegzugeben war Piri damals der sicherste Weg erschienen, um mich zu retten. Zu diesem Zeitpunkt war sie ja auch noch davon ausgegangen, dass meine Mutter und Tamás wie besprochen bald nachkommen würden. Wer konnte ahnen, dass ihnen dies nicht mehr gelingen sollte? Als der Kontakt zu mir abgebrochen war, hatte Piri das sehr belastet, aber sie hatte gehofft, dass es mir gut gehen würde. Und das war nicht die einzige Last gewesen, die sie hatte tragen müssen. Sie wusste auch nicht, wie es ihrem Sohn Tamás in dem christlichen Heim erging, in dem sie ihn untergebracht hatte. Sie selbst hatte sich bis zur Befreiung in einem dunklen, nassen Keller versteckt. Sie war zwar unterstützt und versorgt worden, doch manchmal hatte es mehrere Tage gedauert, bis jemand mit Essen und ein paar freundlichen Worten gekommen war. Sie war krank geworden, aber sie hatte sich immer wieder gesagt, ihre Situation sei besser, als in einem Lager zu sterben. »Ich habe zwar überlebt, aber meine Seele ist kaputtgegangen«, schloss sie ihren Bericht.

Es war schwer für uns beide, über das Vergangene zu sprechen. Es war offensichtlich, dass Tante Piri der Gedanke, dass sie mich letztlich zwar retten, aber nicht vor Auschwitz hatte schützen können, ganz furchtbar quälte. Sie wollte von mir nichts Genaueres über meine Zeit dort hören, sondern lieber über das Hier und Jetzt, über meine Kinder und über mein Leben in Frankfurt reden. »Denk an deine Zukunft, nicht an Vergangenes«, sagte sie immer wieder – ein Weg, den ich selbst ja so gut kannte.

Anita und ich verbrachten etwa eine Woche bei Tante Piri. Lilli war nach Bratislava zurückgefahren. Es war eine intensive Zeit. Tagsüber spielten wir mit Anita, abends saßen Piri und ich noch lange zusammen und redeten miteinander. Immer wieder flossen Tränen der Freude und der Traurigkeit. Unter anderem erfuhr ich, dass Tante Piri und ihr Sohn nach dem Krieg irgendwie nicht mehr richtig zueinander gefunden hatten. Ob ihre Trennung, sein langer Aufenthalt in dem christlichen Heim, die strenge Erziehung dort oder etwas anderes dafür verantwortlich waren, konnte sie nicht sagen. Aber sie litt sehr darunter. Sie hatte ihr Kind gerettet und doch auf eine gewisse Weise verloren.

Ich dachte in diesen Tagen viel über Tante Piris Schicksal nach. Wie schwerwiegend ihre Entscheidungen gewesen waren, wie wenig sie die Situation damals hatte überblicken können, wie verzweifelt sie und meine Mutter nach Lösungen gesucht haben mussten, um ihre Kinder vor dem Tod zu retten. Und dabei nie zu wissen, ob sie nicht genau das Falsche taten. Meine Mutter hatte mich gerettet, indem sie mich mit Tante Piri auf die Flucht schickte. Ich aber hatte in den nächsten Wochen und Monaten vergeblich auf sie gewartet – oft wütend und eifersüchtig, weil sie und mein Bruder nicht nachkamen und sich nicht einmal meldeten. Wie konnte ich damals ahnen, dass ihre Entscheidung mir das Leben retten würde, während sie sich und den kleinen Tamás nicht mehr in Sicherheit bringen konnte? Die beiden waren vermutlich zwischen dem 6. und 8. Juli 1944 nach Auschwitz-Birkenau verschleppt und sofort in den Gaskammern ermordet worden. Die Züge mit den Juden aus den Budapester Vorstädten hatten zu den letzten gehört, bevor die Deportationen gestoppt wurden. Die Vorstellung von Mama und Tamás an der Rampe in Auschwitz gehört zu den quälendsten Bildern, die mich verfolgen. An diesem Ort stand ich selbst vier Monate später. Manchmal stelle ich mir vor, dass meine Mutter mich in diesem Augenblick vom Himmel aus sah – ansehen musste, wie ihre Tochter in die Hölle von Birkenau ging.

Eva mit ihren Töchtern Anita und Judith, 1966

Und dennoch gab es nach dem Krieg das Hier und Jetzt, gab es meine eigenen Kinder, die mich so glücklich machten. Ihre Sicht auf die Welt hatte etwas unglaublich Tröstliches. So war das schwerwiegendste Problem für Anita am Ende unseres Besuches in Prag, dass sie einen Stock, den sie im Garten gefunden hatte, nicht mitnehmen durfte. Die Fünfjährige war untröstlich – selbst als wir den Stock gemeinsam im Garten versteckten, damit sie ihn bei ihrem nächsten Besuch wiederfinden würde.

Als wir von Tante Piri Abschied nahmen und nach Frankfurt zurückfuhren, hatten sich meine Gefühle verändert. Die Wut und Bitterkeit, die mich immer begleitet hatten, waren verschwunden. Es war, als ob ich Frieden geschlossen hätte – mit Tante Piri, aber auch mit meiner Mutter.

Nachwort und Danksagung

Am 18. März 1993 starb mein geliebter Ehemann nach langer, schwerer Krankheit. Für ihn war 1971 ein Traum in Erfüllung gegangen, den er lange gehegt hatte: Er hatte in der Eschersheimer Landstraße am Dornbusch einen geeigneten Laden gefunden, in dem er sich als Kürschner selbstständig machte. Zwanzig Jahre lang hat er sein eigenes Kürschnergeschäft besessen und mit Freude geführt.

Meine ältere Tochter Judith lernte Anfang der siebziger Jahre Chaim Szymon kennen, der aus einer jüdischen Familie stammte, die auch in Frankfurt lebte. Szymon oder Jimmy, wie wir ihn nannten, lebte zu der Zeit in Belgien. Die beiden heirateten 1974 in einer Synagoge in Antwerpen. Jimmys Eltern stammten aus Polen und waren mit ihren drei ersten Kindern nach Majdanek deportiert worden, wo die Tochter und die beiden Söhne vor ihren Augen erschossen wurden. Sie selbst waren nach Auschwitz verschleppt, voneinander getrennt und zur Zwangsarbeit eingesetzt worden, aber beide hatten überlebt und sich nach dem Krieg zufällig in einem Lager in der Nähe von Frankfurt wiedergetroffen. Sie hatten noch einmal drei Kinder bekommen, ihr mittlerer Sohn wurde mein Schwiegersohn. Mein erstes Enkelkind, Sharon, wurde 1977 geboren, mein zweites, Samuel, 1980.

Meine zweite Tochter Anita wuchs ganz anders auf als ihre große Schwester: Sie besuchte sowohl den Jüdischen Kindergarten als auch die Jüdische Schule und war von Beginn an ein selbstbewusstes Mädchen, das offen zu seiner Konfession stand. Nach dem Abitur trat Anita in die Fußstapfen ihres Vaters: Sie absolvierte eine Kürschnerausbildung, bestand ihre Meisterprüfung und übernahm später das Geschäft ihres Vaters. Mit Ernst Schwarz, den sie während ihrer Gesellenzeit kennenlernte und 1995 heiratete, gründete sie eine Familie. Ich freute mich sehr über zwei weitere Enkelkinder: Celina und Leroy.

Natürlich wusste meine Familie immer ein wenig über mein Schicksal – dass ich in Auschwitz gewesen war und dass ich meine Mutter, meinen Vater und meinen Bruder verloren hatte. Man wusste es, sprach aber nicht darüber. In Anitas jüdischer Jugendgruppe wurde zwar oft über Krieg, Judenverfolgung und Holocaust gesprochen, zu Hause waren diese Themen aber ein großes Tabu. Meine Töchter spürten wohl, dass ich nicht darüber sprechen und auch nicht gefragt werden wollte. Erst meine Enkeltochter Sharon fing an, sich darüber hinwegzusetzen. Als sie etwa 13 Jahre alt war und von einer Studienreise nach Auschwitz zurückkam, war sie die Erste, die mir über meine Vergangenheit Fragen stellte. Sie begnügte sich aber damit, dass ich ihr ein wenig über meine Flucht aus Ungarn in die Slowakei erzählte. Grundsätzlich blieb ich hartnäckig dabei, über meine Erlebnisse zu schweigen, nichts Genaueres preiszugeben. Ich wollte mich einfach nicht erinnern. Bis zu jenem Anruf Ende 1994 …

Heute bereue ich es, dass ich mich meinem Mann nie anvertraut habe. Und ich frage mich oft, ob ich meinen Töchtern nicht doch schon viel früher mit größerer Offenheit hätte entgegentreten sollen. Hat es ihnen wirklich gutgetan, dass ich so lange geschwiegen habe? Aber ich konnte nun einmal nicht anders.

Meine Kinder und Enkelkinder helfen mir heute ein wenig über meine Trauer hinweg, denn die Vergangenheit lastet immer noch schwer auf mir. Es vergeht kaum ein Tag, an dem ich nicht meinen Vater, meine Mutter und meinen Bruder vermisse. Ich rufe mir ihre letzten Bilder in den Kopf, die ich mir einprägen konnte: mein Vater im Lager in Nagykáta, meine Mutter und Tamás auf dem Bahnhof, als sie Tante Piri und mich verabschiedeten. Hätte ich doch gewusst, dass dies unsere letzten gemeinsamen Augenblicke sein würden! Die Fantasien über das Schicksal meiner Familie quälen mich ebenso wie meine eigenen Erinnerungen. Und die Angst weicht nie.

Bis zu diesem Buch war es ein sehr langer und für mich beschwerlicher Weg, auf dem mich viele Menschen gestützt und unterstützt haben. Ihnen allen möchte ich danken. Als ich Mitte der neunziger Jahre das Schweigen einmal gebrochen hatte, kehrten mit Macht meine Kindheitserinnerungen zurück. Doch wäre ich nie auf die Idee gekommen, diese niederzuschreiben, wenn nicht ein zufälliger Anstoß von außen gekommen wäre. Dafür danke ich Renate Traxler, bei der ich 2002 einen Kurs in einer Schreibwerkstatt absolvierte und deren Blick irgendwann auf die tätowierte Nummer auf meinem Unterarm fiel. Sie sprach mich an, erfuhr meine Geschichte und machte mir Mut, darüber zu schreiben. Damit begann ein mühseliger Prozess, bei dem ich sehr viel Unterstützung erfahren habe. Stellvertretend für die vielen Freunde und Bekannten, die mir auf ganz unterschiedliche Weise geholfen haben, möchte ich nachdrücklich Helga Krohn, Albert Kirchner, Karin Weingart, Anna Eckel und Noemi Staszewski danken. Dass das Buch letztlich erscheinen konnte, verdanke ich Babette Quinkert, die das Projekt in der letzten Phase in die Hand genommen und zu einem guten Ende geführt hat. Danken möchte ich auch Wolfgang Benz, dem Herausgeber der Reihe »Bibliothek der Erinnerung«, und Friedrich Veitl vom Metropol Verlag, die sich sehr für das Buch eingesetzt und es publiziert haben. Nicht zuletzt möchte ich meinen Töchtern Judith und Anita und ihren Familien für ihre großartige Unterstützung danken. Ihnen und meinen Enkelkindern Sharon, Samuel, Celina und Leroy möchte ich dieses Buch widmen. Ohne eure große Liebe wäre ich nie so weit gekommen.

Eva Szepesi, Dezember 2010

Aus: Christian Gerlach/Götz Aly, Das letzte Kapitel. Der Mord an den ungarischen Juden, Stuttgart 2002

L'vov
(Lemberg)
SOWJETUNION
Stanislaw
Ushgorod
(Ungvár)
Mukačevo
(Munkács)
Dnjestr
Czernowitz
Bukowina
Satu Mare
(Szarmarnemeti)
Nord-Transsylvanien
Jassy
Kischinew
Pruth
Cluj (Kolozsvár,
Klausenburg)
Tîrgu Mures
(Marosvásárhely)
Braşov
(Kronstadt)
Sibiu
(Hermannstadt)
Galati
(Galatz)
RUMÄNIEN
Ploieşti
Bukarest
Donau
BULGARIEN